Contents

Student Activities Manual
Answer Key and Audioscript

¡Hola, amigos!

EIGHTH EDITION

Ana C. Jarvis
Chandler-Gilbert Community College

Raquel Lebredo
California Baptist University

Cengage

Australia • Brazil • Canada • Mexico • Singapore • United Kingdom • United States

For product information and technology assistance, contact us at **Cengage Customer & Sales Support, 1-800-354-9706 or support.cengage.com.**

For permission to use material from this text or product, submit all requests online at **www.copyright.com**.

ISBN-13: 978-1-133-95208-4
ISBN-10: 1-133-95208-9

Cengage
200 Pier 4 Boulevard
Boston, MA 02210
USA

Cengage is a leading provider of customized learning solutions with employees residing in nearly 40 different countries and sales in more than 125 countries around the world. Find your local representative at **www.cengage.com.**

To learn more about Cengage platforms and services, register or access your online learning solution, or purchase materials for your course, visit **www.cengage.com.**

Printed in the United States of America
Print Number: 02 Print Year: 2022

Answer Key

LECCIÓN PRELIMINAR

1. **La gente habla**
   1. Mucho gusto.
   2. ¿Cómo está usted?
   3. ¿Qué tal?
   4. ¿Cómo te llamas?
   5. ¿Cuál es tu número de teléfono?
2. **Situaciones**
   1. Buenos días, profesor(a).
   2. Buenas tardes, Dr(a). Soto.
   3. Hasta mañana, señorita.
   4. Buenas tardes, señora Salas.
   5. Igualmente.
3. **Números**
   1. nueve-uno-uno
   2. ocho-cero-cero
   3. cinco-dos-tres
   4. cuatro-siete-seis

LECCIÓN 1

Workbook Activities

PARA PRACTICAR

1. **En la clase**
   un / una / un / una / unas / unos / unas / una / unos / unos / unas
2. **Yo necesito...**
   los / las / la / el / el / la
3. **Los pronombres**

1.	yo	6.	nosotros
2.	usted	7.	ustedes
3.	ellos	8.	tú
4.	ellas	9.	él
5.	ella	10.	nosotras

4. **¿De dónde eres?**
   soy / somos / es / son / es /
   Answers to Fernando's question will vary:
   Yo soy *(your name)* y soy de *(place you are from)*.
5. **¿Cómo son?**
   1. La mujer es española.
   2. El chico es alto.
   3. Los profesores son ingleses.
   4. Las chicas son simpáticas.
   5. El escritorio es marrón.
   6. Los bolígrafos son azules.
6. **¿Cómo se deletrea** *(spell)*?
   1. ese-eme-i-te-hache
   2. erre-a-ene-de-a-ele-ele
   3. efe-o-equis
   4. be-u-de-ge-e
   5. doble ve-e-ese-ele-e-i griega
   6. jota-a-ce-ka-ese-o-ene
7. **Muchos estudiantes internacionales**

1.	trece	5.	dieciséis
2.	veintisiete	6.	treinta y nueve
3.	quince	7.	dieciocho
4.	catorce	8.	diez

8. **Conversaciones breves**
   1. ¿Qué hay de nuevo?
   2. ¿Usted es (Tú eres) estadounidense?
   3. ¿Cuál es tu (su) dirección?
   4. ¿Teresa es fea?
   5. ¿De dónde eres?
   6. ¿Cómo se dice "*see you tomorrow*"?
   7. ¿De dónde es tu compañero de cuarto?
   8. ¿Dónde conversan Eva y Luis?
   9. ¿De dónde son ustedes?
9. **¿Qué hay en la clase?**
   1. el borrador
   2. la pizarra
   3. la luz
   4. el escritorio
   5. el cuaderno
   6. el cesto de papeles
   7. el estudiante
   8. la mochila
   9. el papel
   10. la tablilla de anuncios
10. **¿Cuál no va?**

1.	novia	4.	español
2.	cafetería	5.	universitario
3.	dirección		

11. **¿Qué dicen?**

1.	e	6.	b
2.	h	7.	d
3.	a	8.	f
4.	c	9.	g
5.	j	10.	i

12. **¿Qué pasa aquí?**
   1. **La Dra. Luisa Vidal es la profesora.**
   2. Es de La Habana, Cuba.
   3. Hay once estudiantes en la clase.
   4. No, no es de Cuba; es de Guadalajara, México.
   5. No, no es mexicano; es estadounidense.
   6. Hay una ventana.

PARA LEER

13. **Profesionales de todo el mundo**
    1. La doctora Irene Santillana es de Madrid.
    2. No, no es estudiante; es profesora.
    3. Es inteligente y muy simpática.
    4. Es mexicana.
    5. Es de Puebla.
    6. El señor José Armando Vidal es de California.
    7. Es de San Diego.
    8. No, no es profesor; es estudiante.
    9. Es alto, delgado y guapo.

PARA ESCRIBIR

14. **Unir ideas**
    Answers will vary.

Listening Activities

DIÁLOGOS

3. **Preguntas y respuestas**
    1. Es estadounidense.
    2. Se dice "*anaranjado*".
    3. Es calle Olmos, número veintiocho.
    4. Es de Costa Rica.
    5. Es de California.
    6. Conversan en la biblioteca.

PUNTOS PARA RECORDAR

4. **Definite articles I**
    1 los cuadernos
    2. la mano
    3. las ventanas
    4. el escritorio
    5. el borrador
    6. los hombres
    7. las plumas
    8. los profesores
    9. el lápiz
    10. la luz
    11. el mapa
    12. el reloj
    13. el día
    14. las sillas
    15. el papel

5. **Indefinite articles**
    1. una ventana
    2. un señor
    3. unos escritorios
    4. unos lápices
    5. una tiza
    6. unas computadoras
    7. una silla
    8. unas señoritas
    9. un cuaderno
    10. unos mapas
    11. un bolígrafo
    12. unas mochilas

6. **Subject pronouns and the present indicative of *ser***
    1. Nosotros somos de Madrid.
    2. Ellos son de Colombia.
    3. Tú eres de México.
    4. Jorge es de Chile.
    5. Yo soy de Argentina.
    6. Ustedes son de Cuba.

7. **Agreement of articles and adjectives**
    1. Las plumas son rojas.
    2. Los hombres son mexicanos.
    3. La señorita es norteamericana.
    4. Las mesas son blancas.
    5. Los lápices son negros.
    6. Los hombres son altos.

DÍGANOS

8. **Más preguntas**
    1. Sí, soy estudiante.
    2. No, soy de California.
    3. Es de Cuba.
    4. Sí, es simpática.
    5. No, habla español.
    6. Se dice "escritorio".
    7. Sí, los estudiantes son inteligentes.

EJERCICIOS DE COMPRENSIÓN

9. **Tres opciones**
    1. a: Lo siento.
    2. b: Eva es norteamericana.
    3. c: Son alumnos.
    4. b: Se dice "reloj".
    5. c: Buenos días, señorita.

10. **¿Lógico o ilógico?**
    1. Ilógico
    2. Lógico
    3. Lógico
    4. Ilógico
    5. Lógico
    6. Lógico
    7. Lógico
    8. Ilógico

11. **Diálogo**
    1. Es de México.
    2. Es de Cuba.
    3. Es norteamericana.
    4. Es muy simpática.
    5. Sí, es inteligente.

PARA ESCUCHAR Y ESCRIBIR

12. **Números**
    1. 10
    2. 27
    3. 13
    4. 6
    5. 12
    6. 15
    7. 38
    8. 11
    9. 14
    10. 0

13. **Oraciones**
   1. ¿Cuál es tu número de teléfono?
   2. Tu compañero de cuarto es muy guapo.
   3. Ellos conversan en la cafetería.
   4. Es un muchacho muy simpático.
   5. Ella es una chica alta y delgada.

LECCIÓN 2
Workbook Activities

PARA PRACTICAR

1. **Nosotros, los estudiantes**
   conversamos / tomamos / trabajo / trabaja / habla / estudian / toman / deseo / necesito / terminas / terminamos

2. **Aseveraciones y preguntas**
   1. __ / ¿Habla español él? / Él no habla español.
   2. Eva es profesora. / ¿Es Eva profesora? / __
   3. Desean leche. /__ / No desean leche.
   4. Ana necesita dinero. ¿Necesita Ana dinero? / __
   5. __ / ¿Es estudiante Tito? / Tito no es estudiante.
   6. __ / ¿Trabaja Luis hoy? / Luis no trabaja hoy.
   7. Estudiamos sociología. / __ / No estudiamos sociología.
   8. Nora es cubana. ¿Es cubana Nora? /__

3. **¿Qué desean tomar?**
   1. chocolate caliente / café con leche
   2. agua con hielo / agua mineral
   3. jugo de naranja / jugo de manzana
   4. vino tinto
   5. cerveza / té helado (frío)

4. **¿Qué necesitamos?¿Qué hacemos?**
   1. mi / mis
   2. sus
   3. su / nuestro
   4. sus
   5. sus / su / su
   6. tus

5. **Profesores y estudiantes**
   1. Sí, (yo) necesito hablar con mis compañeros de clase.
   2. Sí, (nosotros) deseamos estudiar en nuestra casa.
   3. Sí, el profesor necesita mi cuaderno.
   4. Sí, (nosotros) estudiamos con nuestros compañeros de cuarto.
   5. Sí, nuestras profesoras son de Madrid.
   6. Sí, Ud. necesita (tú necesitas) hablar con sus (tus) profesores hoy.
   7. Sí, la profesora habla con sus estudiantes.
   8. Sí, Ud. necesita hablar con sus estudiantes hoy.

6. **En la universidad**
   1. El / la / el
   2. la / los
   3. La / los / las
   4. el / el / la
   5. La / los

7. **¿Cuántos...?**
   1. setenta
   2. cien
   3. ochenta y cuatro
   4. ciento cincuenta y ocho
   5. ciento doce
   6. noventa y cinco
   7. setenta y dos
   8. ochenta
   9. ciento cuarenta
   10. ciento cincuenta
   11. doscientos
   12. sesenta y siete

8. **¿A qué hora son las clases?**
   1. La clase de física es a las nueve y media de la mañana.
   2. La clase de biología es a la una y veinte de la tarde.
   3. La clase de historia es a las ocho menos cuarto de la noche.
   4. La clase de inglés es a las ocho y diez de la noche.
   5. La clase de química es a las tres y cuarto de la tarde.
   6. La clase de informática es a las once de la mañana.

9. **El horario de Carolina**
   Days: martes, miércoles, jueves, viernes, sábado, domingo

   Schedule:
   lunes: Matemáticas, Español
   martes: Español, Historia, Literatura
   miércoles: Matemáticas, Español
   jueves: Español, Historia, Biología
   viernes: Matemáticas, Español, Biología
   sábado: Música, Literatura

10. **Muchos cumpleaños**
   1. el primero de marzo
   2. el quince de enero
   3. el treinta de noviembre
   4. el veinte de junio
   5. el catorce de diciembre
   6. el diez de agosto
   7. el once de febrero
   8. el veinticinco de abril

11. **Las estaciones del año**
   1. la primavera
   2. el otoño
   3. el verano
   4. el invierno

12. **Crucigrama**

HORIZONTAL

5. ciencias
6. lunes
7. cerveza
8. frío
10. amigo
11. copa
13. termina
15. hora
17. solamente
19. tinto
20. noche
22. dinero
23. conversar
24. asignatura

VERTICAL

1. oficina
2. literatura
3. taza
4. puertorriqueño
9. matemáticas
12. vaso
14. hielo
16. inglés
18. leche
21. toma

13. **En la cafetería**
    1. fácil / semestre / políticas / administración / también
    2. puertorriqueña / enseña / mañana / necesita
    3. deseas / caliente / vaso / hora

14. **¿Qué dice aquí?**
    1. Hoy es martes. Es el quince de septiembre.
    2. Toma café. A las siete de la mañana.
    3. Toma cuatro clases.
    4. Química tiene laboratorio.
    5. Tiene examen en la clase de matemáticas.
    6. *Answers may vary.* Usa la computadora en la clase de informática.
    7. Conversa con Lidia.
    8. Trabaja tres horas.
    9. Estudia en la biblioteca. Estudia con César.
    10. Toma contabilidad.

PARA LEER

15. **Asignaturas**
    1. No, estudian en Miami, Florida.
    2. Roberto no trabaja este semestre.
    3. Toma química, historia, inglés, biología, sociología y literatura.
    4. Toma tres clases.
    5. Toma física, administración de empresas y psicología.
    6. Roberto toma literatura este semestre.
    7. Conversan en la cafetería.
    8. Roberto toma (una taza de) café y Ana toma (un vaso de) leche.
    9. *Answers may vary.* No trabaja porque toma muchas asignaturas.
    10. *Answers may vary.* Toma solamente tres clases porque trabaja en la cafetería y en la biblioteca.

PARA ESCRIBIR

16. **Descripciones**
    Answers will vary.

17. **Sobre el mundo hispánico**
    1. Está concentrada principalmente en California, Texas, Nuevo México y Arizona.
    2. En San Antonio.
    3. Vive en Miami.
    4. La Pequeña Habana.
    5. El segundo grupo más grande es el de los puertorriqueños.
    6. No necesitan pasaporte ni visa porque son ciudadanos estadounidenses.

Listening Activities

DIÁLOGOS

3. **Preguntas y respuestas**
    1. Es puertorriqueña.
    2. Toma historia.
    3. Toma cinco clases.
    4. Terminan a las tres de la tarde.
    5. Son difíciles.
    6. Es aburrida.
    7. Trabaja.
    8. Es profesor.
    9. No toma café.
    10. Necesita dinero.
    11. Gana cincuenta dólares.
    12. Es a las dos.

PUNTOS PARA RECORDAR

4. **Present indicative of *-ar* verbs**
    1. Trabaja en la biblioteca.
    2. Estudiamos español.
    3. Conversan en la cafetería.
    4. Necesito un lápiz.
    5. Termina a las diez.
    6. Tomamos leche.
    7. Deseo tomar biología.
    8. Habla español.

5. **Interrogative sentences**
    1. Estudiamos español.
    2. Estudiamos en la biblioteca.
    3. La profesora habla español.
    4. Estudiamos por la mañana.
    5. Necesito cuatro libros.

6. **Negative sentences**
    1. No, no trabajo en el verano.
    2. No, no hablan español.
    3. No, no son de Arizona.

4. No, no necesitamos el cesto de papeles.
5. No, no tomo café.
6. No, no tomo física este semestre.

7. Possessive adjectives

1. Mi profesor trabaja en Miami.
2. Nuestra profesora es de Cuba.
3. Sí, mi profesor necesita su libro.
4. Sí, necesito mis libros.
5. No, nuestros profesores no hablan español.
6. Mis clases son los miércoles.

8. Definite articles II

1. las lecciones
2. el programa
3. los borradores
4. la libertad
5. la televisión
6. las clases
7. los problemas
8. el café
9. el idioma
10. las noches

9. Numbers

1. el primero de enero
2. el catorce de febrero
3. el veintiuno de marzo
4. el veintiuno de junio
5. el cuatro de julio
6. el treinta y uno de agosto
7. el veintiuno de septiembre
8. el doce de octubre
9. el treinta y uno de octubre
10. el veinticinco de diciembre

10. Days of the week

1. No, hoy es martes.
2. No, hoy es sábado.
3. No, hoy es jueves.
4. No, hoy es lunes.
5. No, hoy es viernes.
6. No, hoy es miércoles.

11. Months and seasons

1. el otoño
2. la primavera
3. el invierno
4. el verano
5. la primavera
6. el otoño
7. **el invierno**
8. el verano
9. la primavera
10. el otoño
11. el verano

DÍGANOS

12. Más preguntas

1. Tomo dos clases este semestre.
2. Tomo historia y español.
3. La clase de español es a las nueve.
4. No, no estudio biología.
5. Trabajo en la biblioteca.
6. Trabajo cuatro horas al día.
7. No, no estudiamos en el verano.
8. Por la mañana tomo café.

EJERCICIOS DE COMPRENSIÓN

13. Tres opciones

1. a: Dora toma matemáticas este semestre.
2. b: Sofía estudia en la biblioteca.
3. b: Oscar toma literatura.
4. c: Fernando desea una taza de café.
5. a: Es la una y media.

14. ¿Lógico o ilógico?

1. Lógico
2. Ilógico
3. Lógico
4. Ilógico
5. Ilógico
6. Lógico
7. Lógico
8. Lógico
9. Ilógico
10. Ilógico

15. Diálogo

1. Desea tomar jugo de naranja.
2. No trabaja los viernes.
3. Toma química con la Dra. Molina.
4. Es difícil.
5. Toma literatura.
6. Son las diez y media.

PARA ESCUCHAR Y ESCRIBIR

16. Números

1. 89
2. 122
3. 56
4. 45
5. 215
6. 137
7. 72
8. 200
9. 50
10. 100
11. 117
12. 198

17. Oraciones

1. Las dos tomamos clases muy difíciles.
2. José es profesor de contabilidad.
3. También enseño los lunes por la tarde.
4. Por eso trabajo horas extra.
5. Gano cincuenta dólares por hora.

LECCIÓN 3
Workbook Activities

PARA PRACTICAR

1. Teresa y yo

vivimos / corremos / comemos / bebemos / dividimos / sacudo / barre / leemos

2. La familia Rojas

1. la hermana de Héctor
2. el papá de Susana
3. la telenovela favorita de las chicas (muchachas)
4. La ocupación favorita de Héctor
5. la ropa de Alicia

3. **Los quehaceres de la casa**
   1. tienes / tengo
   2. viene / vienen
   3. tienen /tenemos
   4. vienes / vengo
   5. tiene
   6. vienen / venimos

4. **De visita**
   1. No tengo sed.
   2. tengo calor
   3. tengo hambre
   4. tengo frío
   5. No tengo sueño

5. **¿Me prestas...?**
   1. esta / este / estas / estos
   2. ese / esa / esas / esos
   3. aquella / aquellas / aquel / aquellos

6. **¿Cuánto ganan?**
   1. Marta gana mil cuatrocientos dólares por mes.
   2. Rogelio gana dos mil doscientos dólares por mes.
   3. Lucía gana novecientos dólares por mes.
   4. Ernesto gana mil setecientos dólares por mes.
   5. Olga gana cuatro mil ochocientos dólares por mes.

7. **¿Cuál no va?**
   1. basura
   2. césped
   3. descansar
   4. tiempo
   5. plato
   6. correr
   7. excusa
   8. deber
   9. abrir
   10. tener sed
   11. todo
   12. plancha
   13. licuadora
   14. colador
   15. tabla de planchar
   16. vivir

8. **Conversaciones breves**
   1. e
   2. g
   3. d
   4. h
   5. f
   6. i
   7. b
   8. a
   9. j
   10. c
   11. n
   12. p
   13. k
   14. o
   15. m
   16. l

9. **¿Qué pasa aquí?**
   1. Oscar pone la mesa.
   2. Vienen a las ocho y media.
   3. Pone dos platos en la mesa.
   4. Juan pasa la aspiradora.
   5. Nora vive en la calle Juárez.
   6. Sara sacude los muebles.
   7. Marcos tiene veintisiete años.
   8. Eva plancha la ropa.
   9. Pablo viene a las dos menos cuarto.
   10. Sí, tiene prisa.

PARA LEER

10. **Una nota**
   1. Vienen a las ocho.
   2. Tiene que sacudir los muebles.
   3. Tiene que planchar su ropa.
   4. Llega a las seis.
   5. Tiene que trabajar hasta las cinco y media.
   6. Tiene que pasar la aspiradora y poner la mesa.
   7. Carlitos tiene que cortar el césped.
   8. Tiene que lavar los platos.
   9. Hay sándwiches en el refrigerador.
   10. Viene a las seis.

PARA ESCRIBIR

11. **Diálogo**
   Answers will vary.

Listening Activities

DIÁLOGOS

3. **Preguntas y respuestas**
   1. Es la hermana de Héctor.
   2. Viven en la Ciudad de México.
   3. Tiene que limpiar su recámara.
   4. Siempre tiene hambre.
   5. Tiene que barrer el garaje.
   6. Viene para estudiar con Héctor.
   7. Descansan un rato.
   8. Beben limonada.
   9. Prepara la ensalada.
   10. Héctor abre la puerta.
   11. Conversan en el comedor.
   12. Miran una telenovela.

PUNTOS PARA RECORDAR

4. **Present indicative of *-er* and *-ir* verbs**
   1. Comemos en nuestra casa.
   2. Vivo en la calle Figueroa.
   3. Debo barrer la cocina.
   4. Sacudimos los muebles.
   5. Corro por la mañana.
   6. Bebe limonada.

5. **Possession with *de***
   1. Es la ropa de Jorge.
   2. Es la casa de Olga.
   3. Son los muebles de Carlos.
   4. Es la licuadora de Mario.
   5. Es la cafetera de Rita.

6. **Present indicative of *tener* and *venir***
   1. Yo no tengo los platos.
   2. Nosotros venimos de la biblioteca.
   3. Tú vienes con tus padres.
   4. Nosotros tenemos la ropa.
   5. Yo vengo hoy.
   6. Tú tienes la cafetera.

7. **Expressions with *tener* I**
   1. Carlos y yo tenemos que limpiar la casa.
   2. Tú tienes que barrer la cocina.
   3. Ana y Luis tienen que sacudir los muebles.
   4. Nosotros tenemos que sacar la basura.
   5. José tiene que cortar el césped.

8. **Expressions with *tener* II**
   1. Tenemos mucha hambre.
   2. Mi hijo tiene mucha prisa.
   3. Tú tienes mucha sed.
   4. Carlos tiene mucho sueño.
   5. Las chicas tienen mucho miedo.
   6. Marta tiene mucho calor.

9. **Demonstrative adjectives**
   1. estas copas
   2. aquella señora
   3. esos bolígrafos
   4. esa cafetera
   5. aquellos muebles

DÍGANOS

10. **Más preguntas**
    1. Sí, tengo dos hermanos.
    2. Sí, tengo que limpiar la casa mañana.
    3. No, no lavo la ropa los sábados.
    4. No, no vengo de la casa de una amiga.
    5. No, bebo jugo de naranja.
    6. Como ensalada.
    7. No, corro por la noche.
    8. No, tengo sed.
    9. Tengo que planchar la ropa de mi hermano.

EJERCICIOS DE COMPRENSIÓN

11. **Tres opciones**
    1. b: Eva corre a abrir la puerta.
    2. a: Raúl corta el césped.
    3. c: Rosa barre la cocina.
    4. a: Los padres de Ana vienen el sábado.
    5. c: Beto saca la basura.

12. **¿Lógico o ilógico?**
    1. Ilógico
    2. Lógico
    3. Lógico
    4. Lógico
    5. Ilógico
    6. Lógico
    7. Lógico
    8. Ilógico
    9. Ilógico
    10. Lógico

13. **Diálogo**
    1. Tiene hambre.
    2. Hay una ensalada.
    3. Desea comer un sándwich.
    4. Necesita planchar su ropa.
    5. Tiene que cortar el césped.
    6. Tiene que pasar la aspiradora.
    7. Tiene calor.
    8. Desea beber cerveza.

PARA ESCUCHAR Y ESCRIBIR

14. **Números**
    1. 589
    2. 322
    3. 1000
    4. 796
    5. 215
    6. 937
    7. 438
    8. 143
    9. 650
    10. 4112
    11. 7960
    12. 13870

15. **Oraciones**
    1. Tienes que limpiar tu recámara.
    2. Tu ocupación favorita es comer.
    3. Tú siempre tienes excusas para no trabajar.
    4. Yo creo que lo mejor es dividir el trabajo.
    5. Hay limonada en el refrigerador.

LECCIÓN 4
Workbook Activities

PARA PRACTICAR

1. **¿Cuál es la diferencia?**
   1. Uds. salen a las seis y yo salgo a las ocho.
   2. Ella conduce un Ford y yo conduzco un Toyota.
   3. Él trae el lector MP3 y yo traigo las bebidas.
   4. Ellos hacen los sándwiches y yo hago la torta.
   5. Yo pongo la mesa por la mañana y tú pones la mesa por la noche.

2. ***Sabemos* y *conocemos***
   1. Yo conozco a Marisol Vega.
   2. Teresa sabe mi número de teléfono.
   3. Nosotros conocemos Puerto Rico.
   4. Yo sé el poema de memoria.
   5. Tú sabes bailar.
   6. Ellos conocen las novelas de Cervantes.
   7. Uds. saben dónde vive Mauricio.

3. **En un café**
   1. conoces a / tiene
   2. llevas a / llevo a
   3. llevar
   4. conocen / conocemos
   5. llevar a

4. **Mi amiga Sara**
   del / de la / al / a la / de la / a las / de la / a la / del

5. **Conversaciones breves**
   1. da / vas / voy / está / Está
   2. está / Está / va / están
   3. dan / damos / das / doy

6. **¿Qué van a hacer?**
   Answers will vary. Possible answers:
   1. Va a beber limonada.
   2. Vamos a comer sándwiches.
   3. Vas a leer.
   4. Va a escribir.
   5. Van a bailar.

7. **Crucigrama**

   HORIZONTAL
   1. cumpleaños
   2. damos
   4. planear
   7. pareja
   8. abuela
   10. celebramos
   13. discos
   18. salud
   19. tío
   21. cuñado
   22. primo
   23. ojos
   24. bailan

   VERTICAL
   1. cansados
   3. morena
   5. guatemalteco
   6. saben
   9. soltero
   11. brindar
   12. torta
   14. invitar
   15. música
   16. llevo
   17. estatura
   20. éxito

8. **¿Qué hacemos este fin de semana?**
   1. hacer / ir / bailar / llevar / ir
   2. Esta / fiesta / dar / visitar

9. **Conversaciones breves**

1.	e	7.	b
2.	j	8.	g
3.	h	9.	a
4.	c	10.	i
5.	k	11.	l
6.	f	12.	d

10. **¿Qué dice aquí?**
    1. Va a jugar al tenis a las ocho de la mañana con Julio.
    2. Va a estar con Ana y con Eva.
    3. A las tres va a ir a un concierto con Alicia.
    4. Va a ir a bailar con Julio a las nueve en el club.
    5. El sábado a las nueve va a estudiar con Olga.
    6. Eva y Silvia van a ir a la biblioteca con Nora.
    7. Mónica da una fiesta. Celebra su cumpleaños.
    8. Va a visitar a su madrina el domingo a las cuatro.
    9. Va a cenar con Julio y con sus padres.
    10. Julio es el novio de Nora.

PARA LEER

11. **Actividades**
    1. Tienen que ir a la casa de la tía de Rosaura.
    2. La tía de Rosaura da la cena.
    3. Va al club.
    4. Sí, él tiene novia.
    5. Van a tener una fiesta. Celebran el cumpleaños del esposo de Rosaura.
    6. Van a brindar con champán.
    7. Van a la iglesia.
    8. Los padres del esposo de Rosaura están invitados a comer.

PARA ESCRIBIR

12. **Un mensaje**
    Answers will vary.

13. **Sobre el mundo hispánico**

1.	100 millones	4.	Tikal
2.	del mundo	5.	pequeño
3.	agricultura	6.	volcanes

Listening Activities

DIÁLOGOS

3. **Preguntas y respuestas**
   1. Es guatemalteca.
   2. Es para celebrar el cumpleaños de Mónica.
   3. Es la amiga de Esteban.
   4. Tiene novio.
   5. Es la hermana del novio de Mónica.
   6. Es soltera.
   7. Va a ser en la casa de los abuelos de Esteban.

8. Trae la torta de cumpleaños.
9. Desea tomar champán.
10. No sabe bailar muy bien.
11. Lo pasan muy bien.
12. Va a su casa con Esteban.

PUNTOS PARA RECORDAR

4. Verbs with irregular first-person forms

1. Sí, yo hago la ensalada.
2. No, no conozco Guatemala.
3. Veo a mi hermana.
4. Sí, sé bailar muy bien.
5. Traigo un sándwich.
6. Conduzco un Ford.
7. Pongo la limonada en el vaso.

5. *Saber vs. conocer*

1. Nosotros sabemos dónde vive ella.
2. Yo sé dónde está la biblioteca.
3. Tú conoces al esposo de la profesora.
4. Carmen sabe bailar.
5. Ellos conocen Puerto Rico.
6. Mi hermana sabe hablar inglés.

6. Personal *a*

1. No, llevo a mis padres.
2. No, llamo a mi esposo.
3. No, deseo café.
4. No, conozco a su hermana.
5. No, traigo las bebidas.

7. Contractions: *al* and *del*

1. Venimos del club.
2. Conocen al Sr. Vargas.
3. Viene de la biblioteca.
4. Llamo a la Srta. García.
5. Es del Sr. Vega.
6. Llevo al hermano de Eva.

8. Present indicative of *ir, dar,* and *estar*

1. Teresa está cansada.
2. Nosotros estamos en la universidad.
3. Mis tíos dan una fiesta.
4. Mi padre va al club.
5. Los estudiantes están en la biblioteca.
6. Yo doy muchas fiestas.
7. Mis padres van a México.
8. Yo voy a Guatemala.
9. Nosotros damos nuestro número de teléfono.
10. Yo estoy en la clase de español.

9. *Ir a* + infinitive

1. Vamos a llevar a Silvia.
2. Voy a dar la fiesta el sábado.
3. Vamos a estar en el club.
4. Voy a llevar a María.
5. Voy a comer torta.
6. Van a tomar vino.

DÍGANOS

10. Más preguntas

1. No, es soltero.
2. No, es pelirroja.
3. No, es alto.
4. Tengo ojos castaños.
5. Celebro mi cumpleaños con una fiesta.
6. No, deseo beber champán.
7. En una fiesta bailo.
8. Sí, sé bailar salsa.

EJERCICIOS DE COMPRENSIÓN

11. Tres opciones

1. a: Ana llama a Pablo.
2. b. Ricardo planea ir a bailar.
3. b: Eva es la novia de Luis.
4. c: Eduardo va a beber algo.
5. b: Elsa va a ir a una fiesta.
6. c: Rita es la hija del Sr. Vega.

12. ¿Lógico o ilógico?

1. Lógico
2. Ilógico
3. Ilógico
4. Lógico
5. Ilógico
6. Lógico
7. Ilógico
8. Lógico
9. Lógico
10. Ilógico

13. Diálogo

1. Va el domingo.
2. Está ocupado.
3. Tiene que trabajar.
4. Está invitada a una fiesta.
5. No está invitado.
6. Desea ir a bailar.
7. Va a estar en casa de Mary a las siete.

PARA ESCUCHAR Y ESCRIBIR

14. Oraciones

1. Deciden celebrar el cumpleaños de Mónica.
2. ¿A quiénes vamos a invitar?
3. ¿Es rubia, morena o pelirroja?
4. Hacen una buena pareja.
5. La fiesta es todo un éxito.

LECCIÓN **5**

Workbook Activities

PARA PRACTICAR

1. **¿Qué estamos haciendo?**
   Answers will vary. Possible answers:
   1. Yo estoy cocinando (preparando la comida).
   2. Mi hermano está estudiando en la biblioteca.
   3. Tú estás bailando en una fiesta.
   4. Jorge y yo estamos conversando en la sala.
   5. Mis amigos están comiendo en un restaurante.
   6. Mi prima está trabajando en la oficina.

2. **Dime...**
   Answers may vary slightly due to flexible word order in Spanish.
   1. ¿Qué hora es?
   2. Sr. Díaz, ¿Ud. es mexicano?
   3. ¿Dónde está tu novio?
   4. ¿Tu hermano es alto?
   5. ¿Qué está leyendo (Srta. Peña)?
   6. ¿Dónde es la fiesta?
   7. ¿Tu mamá es profesora?
   8. ¿La silla es de plástico?
   9. ¿Tú crees que Andrea está bonita hoy?
   10. ¿Estás cansado?

3. **Preguntas y más preguntas**
   1. ¿Dónde está Ana?
   2. ¿De dónde eres tú (es Ud.)?
   3. ¿El disco compacto es de Pedro?
   4. ¿Cómo es Verónica?
   5. ¿Estás (Está Ud.) ocupada?
   6. ¿La mesa es de metal?
   7. ¿Qué día es hoy?
   8. ¿Qué están haciendo Sandra y Carlos?

4. **Mensajes electrónicos**
   1. Empieza / quieres
   2. pensamos (queremos, preferimos) / quieren (piensan) / prefieren
   3. entiendo / entiendes
   4. cierra / queremos (pensamos) / piensas

5. **Comparaciones**
   1. más bajo que / más alto que / el más alto / el más bajo
   2. menor que / mayor que / la menor / la mayor / tan alta como
   3. mejor que / peor que / el mejor / el peor

6. **Todo es lo mismo**
   1. Yo tengo tantos libros como Roberto.
   2. Nosotros trabajamos tanto como Uds.
   3. El restaurante Azteca tiene tantas mesas como el restaurante Versailles.
   4. Paquito toma tanta leche como Carlitos.
   5. Ernesto bebe tanto café como Julia.

7. **Todos nosotros**
   1. Yo voy contigo.
   2. Ellos conversan con nosotros.
   3. Tú eres para mí.
   4. Tú bailas con él.
   5. Yo hablo de ti.
   6. Él baila con usted.
   7. Tú estudias conmigo.

8. **¿Cuál no va?**
   1. chuleta de cerdo
   2. cuenta
   3. papa
   4. propina
   5. torta
   6. caminar
   7. al día siguiente
   8. asado
   9. copa
   10. platillo
   11. camarero
   12. hijo

9. **Conversaciones breves**
   1. f
   2. i
   3. d
   4. a
   5. j
   6. b
   7. h
   8. c
   9. g
   10. e

10. **¿Qué pasa aquí?**
    1. Están en el restaurante La Preferida.
    2. La especialidad de la casa es cordero asado.
    3. Sí, creo que es un restaurante elegante.
    4. No, no va a pedir la especialidad de la casa.
    5. Prefiere comer bistec con langosta.
    6. Quiere papa asada.
    7. Quiere comer pescado y ensalada.
    8. No, va a pedir pastel.
    9. Toman vino.
    10. Están celebrando su aniversario.
    11. Creo que van a ir al teatro.
    12. Creo que son ricos.

PARA LEER

11. **¿Qué pedimos?**
    1. Están en un restaurante.
    2. Está leyendo el menú.
    3. No sabe qué pedir.
    4. Va a pedir bistec con puré de papas.
    5. Va a pedir lo mismo.
    6. Van a beber vino tinto.
    7. Toman café.
    8. Hacen planes para el día siguiente.
    9. Piensan llevar a sus hijos a desayunar.
    10. Van a visitar a la mamá de Roberto.

PARA ESCRIBIR

12. **Diálogo**
    Answers will vary.

Listening Activities

DIÁLOGOS

3. **Preguntas y respuestas**
    1. Están de vacaciones en Costa Rica.
    2. Tiene servicio de habitación.
    3. Quiere pescado.
    4. No debe comer chuletas de cerdo.
    5. No piensa seguir su dieta especial.
    6. Lee la lista de postres.
    7. Quiere huevos revueltos.
    8. Quiere pan con mantequilla.
    9. Quiere un vaso de leche.
    10. Quiere galletas.
    11. Sergio paga la cuenta.
    12. Piensa que deben correr.

PUNTOS PARA RECORDAR

4. **Present progressive**
    1. Ellos están comiendo ensalada.
    2. Ana está durmiendo aquí.
    3. Tú estás leyendo un libro.
    4. Nosotros estamos sirviendo vino.
    5. Ella está pidiendo pescado.
    6. Uds. están escribiendo en inglés.

5. **Uses of *ser* and *estar***
    1. Mi hermana es inteligente.
    2. Los muchachos son muy altos.
    3. El camarero está en el restaurante.
    4. El teléfono es de plástico.
    5. Yo estoy muy cansado(a).
    6. El señor es de Chile.
    7. Mi esposa está trabajando.
    8. El señor Paz es profesor de español.
    9. La fiesta es en el club.

6. **Stem-changing verbs: *e* > *ie***
    1. La clase comienza a las ocho.
    2. Yo prefiero beber vino.
    3. Nosotros pensamos ir a la fiesta.
    4. ¿Tú quieres bailar con Gustavo?
    5. La fiesta empieza a las nueve.
    6. Ud. piensa mucho.

7. **Comparative and superlative adjectives, adverbs, and nouns**
    1. Carlos es el mayor de mis hermanos.
    2. El hotel Madrid es el mejor hotel.
    3. Sí, Ricardo es más alto que yo.
    4. Alicia es la chica más bonita de la clase.
    5. Sí, mi amigo es menos inteligente que yo.
    6. No, yo no hablo español tan bien como el profesor.
    7. Sí, mis padres son más ricos que yo.
    8. No, el restaurante Italia no es tan bueno como el restaurante México.
    9. No, yo no tengo tantos libros como el profesor.

8. **Pronouns as objects of prepositions**
    1. No, no son para ti.
    2. No, no van conmigo.
    3. No, no es para nosotros.
    4. No, no es para mí.
    5. No, no voy con ellos.

DÍGANOS

9. **Más preguntas**
    1. Vamos a celebrar mi cumpleaños.
    2. Voy a pedir pescado asado.
    3. Quiero beber café con leche.
    4. Queremos flan con crema.
    5. Yo pago la cuenta.
    6. Dejo diez dólares.
    7. Quiero puré de papas.
    8. Sí, quiero tostadas con mantequilla.
    9. No, quiero torta de chocolate.
    10. Sí, el pollo es mucho más sabroso que el pescado.

EJERCICIOS DE COMPRENSIÓN

10. **Tres opciones**
    1. c: Nora quiere helado.
    2. b: Ana está desayunando.
    3. c: Yolanda piensa pedir pescado.
    4. a: Héctor deja la propina.
    5. c: Rita va a pedir más café.
    6. b: Los chicos están bebiendo algo.

11. **¿Lógico o ilógico?**
    1. Ilógico
    2. Lógico
    3. Ilógico
    4. Lógico
    5. Lógico
    6. Ilógico
    7. Ilógico
    8. Ilógico
    9. Lógico
    10. Lógico

12. **Diálogo**
    1. Es para el primo de Jaime.
    2. Es el sábado.
    3. Es en el club Miramar.
    4. Empieza a las ocho.
    5. Quiere ir con Adrián.
    6. Va a las siete y media.
    7. Es alto.

PARA ESCUCHAR Y ESCRIBIR

13. **Oraciones**
    1. Ahora están leyendo el menú.
    2. Debes seguir tu dieta especial.
    3. Eso es más sabroso que los panqueques.
    4. Sergio paga la cuenta y deja una buena propina.
    5. Deben correr por toda la ciudad.

LECCIÓN 6

Workbook Activities

PARA PRACTICAR

1. **Por teléfono**
   puedes / puedo / volvemos / recuerdas / encuentro / cuesta / recuerdo
2. **¿Qué hacen los demás?**
   1. Tú sirves té.
   2. Ellos piden tamales.
   3. Mirta consigue libros en italiano.
   4. Mario dice que la clase es difícil.
   5. Uds. siguen en la clase de química.
3. **¿Qué preguntan?**
   1. te llamo
   2. la voy / voy, -la
   3. la llevamos
   4. los (las) necesitamos
   5. me conoce
   6. los compro
   7. nos llaman
   8. vamos , -lo / lo vamos
4. **Un mensaje importante**
   1. Puedes traerlo (Lo puedes traer)
   2. llamarte
   3. verlo
   4. llevarnos
   5. hacerlo
   6. llamarme
5. **¡Ni me hables!**
   1. No quiero ni café ni té.
   2. No, no quiero comer nada.
   3. No, no voy a salir con nadie hoy.
   4. No, nunca bailo salsa.
   5. No, no tengo ningún amigo de Managua.
   6. No, nunca los veo (no veo nunca a nadie) en el verano.
6. **¿Cuánto tiempo hace?**
   1. Hace veinte minutos que estoy en la pescadería.
   2. Hace tres años que vivimos aquí.
   3. Hace una hora que estamos estudiando.
   4. Hace cinco meses que conozco a Julio.
   5. Hace cinco días que no veo a mis padres.
7. **La lista de Marisol**
   1. chuletas
   2. higiénico
   3. docena
   4. salsa
   5. detergente
   6. lejía
   7. langosta, camarones (cangrejo)
8. **Crucigrama**

   HORIZONTAL
   1. día
   2. higiénico
   5. plátano
   10. cocinera
   12. recién
   16. eliges
   17. azúcar
   18. salsa
   19. famosos
   21. mariscos
   22. pescadería

   VERTICAL
   1. detergente
   3. cuesta
   4. apartamento
   6. apio
   7. vuelvo
   8. panadería
   9. libre
   11. chuletas
   13. pimiento
   14. muerto
   15. zanahoria
   20. cara
9. **En un mercado al aire libre**
   frutas / naranjas /manzanas / chuletas / ternera (cordero) / langosta / cangrejos / criada / pescadería / comprar
10. **¿Qué dice aquí?**
    1. Se llama "Alonso". Está en Miami.
    2. Puedo comprar bananas, manzanas y naranjas.
    3. Por una libra de bananas debo pagar 50 centavos.
    4. Puedo comprar pollo, bistec y pavo asado.
    5. En la pescadería puedo comprar salmón y debo pagar $5.79 por cada libra.

6. Por siete días (una semana).
7. Cuesta $1.59 cada uno.
8. Sí, aceptan tarjetas de crédito.

PARA LEER

11. **Una cena especial**
    1. Va a invitar a unos amigos.
    2. Va a ir al supermercado.
    3. Va a ser magnífica.
    4. Sí, va a costar mucho dinero preparar la cena.
    5. Usa harina, leche, huevos, chocolate, mantequilla y azúcar.
    6. Piensa preparar una ensalada de frutas.
    7. Va a preparar la ensalada con naranjas, uvas, peras, bananas y otras frutas.
    8. Es un plato típico español.
    9. Dos ingredientes de la paella son pollo y mariscos.
    10. Los amigos de Antonio van a traer el vino.

PARA ESCRIBIR

12. **Correo electrónico**
    Answers will vary.

13. **Sobre el mundo hispánico**
    1. menor
    2. San José
    3. dos mil
    4. del Canal
    5. Copán
    6. más

Listening Activities

DIÁLOGOS

3. **Preguntas y respuestas**
    1. Son recién casados.
    2. Viven en Managua.
    3. Está muerto de hambre.
    4. Tienen que comer muchos vegetales.
    5. Son los padres de Ariel.
    6. Están en un mercado al aire libre.
    7. Cuestan mucho.
    8. Elige chuletas de cerdo.
    9. Van a comprar pescado.
    10. Tiene el día libre.
    11. Va a preparar espaguetis.
    12. Don José cocina mejor.

PUNTOS PARA RECORDAR

4. **Stem-changing verbs: *o* > *ue***
    1. Cuestan mucho.
    2. Puedo ir mañana.
    3. No, no recuerdo el número de teléfono del mercado.
    4. Volvemos a casa a las cinco.
    5. Sí, duermo bien.

5. **Stem-changing verbs: *e* > *i***
    1. Consigo pescado bueno en la pescadería.
    2. Pido tamales.
    3. Dicen que es muy bueno.
    4. Sí, yo digo que sí.
    5. Conseguimos pan cubano en la panadería Ruiz.

6. **Direct object pronous**
    1. Sí, los compro hoy.
    2. Sí, la llamo hoy.
    3. Sí, me llevan al mercado.
    4. Sí, lo tengo.
    5. Sí, nos lleva a la panadería.
    6. Sí, las compro aquí.
    7. Sí, voy a mandarlo hoy.
    8. Sí, me busca.

7. **Negative expressions**
    1. Yo nunca voy tampoco.
    2. No hay nadie conmigo.
    3. No compramos ni carne ni pescado.
    4. No tengo ningún libro en español.

8. **Hace... que**
    1. Hace seis meses que estudio español.
    2. Hace un año que estoy en esta universidad.
    3. Hace diez minutos que estoy en la clase.
    4. Hace cinco horas que no como.
    5. Hace tres días que no llamo a mi amigo.

DÍGANOS

9. **Más preguntas**
    1. Voy al supermercado los sábados.
    2. Me gustan la lechuga y el tomate.
    3. Necesito una docena de huevos.
    4. Prefiero comer brócoli.
    5. Limpio el baño con detergente.
    6. Debemos comer cuatro vegetales al día.
    7. Voy a la pescadería para comprar pescado.
    8. No, vivo en un apartamento.

...RCICIOS DE COMPRENSIÓN

. **Tres opciones**
1. a: Carlos piensa ir a la pescadería.
2. a: Ángel está comprando plátanos.
3. b: Dora está en un supermercado.
4. c: La Sra. Díaz necesita lejía para la ropa.
5. a: Raquel va a comprar vegetales.

11. **¿Lógico o ilógico?**

1. Ilógico	6. Lógico
2. Lógico	7. Lógico
3. Ilógico	8. Lógico
4. Ilógico	9. Ilógico
5. Lógico	10. Ilógico

12. **Diálogo**
1. Dice que necesitan carne, pollo y pescado.
2. Va a traer salmón.
3. Quiere hacer un pastel.
4. Necesita manzanas.
5. Quiere saber dónde consiguen pan cubano.
6. Pueden llevarlo esta tarde.
7. Hay cerezas y fresas.
8. Quiere comer chuletas de ternera y una ensalada de lechuga.

PARA ESCUCHAR Y ESCRIBIR

13. **Oraciones**
1. ¿Podemos almorzar antes de ir?
2. Necesitamos azúcar y una docena de huevos.
3. Están en un mercado al aire libre.
4. Elijo las chuletas de cerdo.
5. Tu hermana vuelve a las seis.

LECCIÓN 7
Workbook Activities

PARA PRACTICAR

1. **Para hablar del pasado**
2. —, trabajaste, trabajó, —, trabajaron
3. cerré, cerraste, —, cerramos, cerraron
4. empecé, —, empezó, empezamos, empezaron
5. llegué, llegaste, llegó, —, llegaron
6. busqué, buscaste, buscó, buscamos, —
8. bebí, bebiste, —, bebimos, bebieron
9. —, volviste, volvió, volvimos, volvieron
10. leí, leíste, —, leímos, leyeron
11. —, creíste, creyó, creímos, creyeron
13. escribí, —, escribió, escribimos, escribieron
14. recibí, recibiste, recibió, —, recibieron
15. abrí, abriste, —, abrimos, abrieron

2. **¿Qué pasó ayer?**
1. Ayer (Sergio) volvió a su casa a las siete.
2. Ayer comencé a trabajar a las siete.
3. Ayer leyeron *People*.
4. Ayer empezaron a estudiar a las nueve.
5. Ayer llegué a casa tarde.
6. Ayer (Daniela) comió en su casa.
7. Ayer saqué la basura por la noche.
8. Ayer compraste manzanas.

3. **En el pasado...**

—¿Adónde fuiste?
—Fui a la fiesta que dio Sergio.
—¿Susana fue contigo?
—No. Oye, ¿tú diste una fiesta el sábado?
—Yo di una fiesta, pero no fue el sábado.
—¿El Dr. Vargas y la Dra. Torres fueron a tu fiesta?
—Sí, ellos fueron mis profesores.

4. **De compras**
1. Papá me compró un microondas.
2. Mamá te compró una licuadora.
3. Yo les compré ropa a mis hermanos.
4. Mis padres nos compraron una lavadora.
5. Mi abuela le compró un escritorio a mi hermana.
6. Nosotros les compramos unos relojes a Uds.
7. Tú le compraste una cafetera a tu amiga.
8. Ud. les compró libros a sus amigos.

5. **Conversaciones breves**
1. te mandaron (enviaron) / me mandaron (enviaron)
2. le escribes / le escribo
3. les habla / nos habla
4. le dio
5. les pagaste / les pagué

6. **¿Qué nos gusta?**
3. Te gusta la casa.
4. Le gustan los relojes.
5. Le gusta el escritorio.
6. Nos gusta la silla.
7. Les gusta el restaurante.
8. Les gusta trabajar y estudiar.
9. Me gusta este cuarto.
10. Le gusta patinar.
11. Nos gustan esas clases.

7. Eso nos gusta más

1. A mis padres les gusta más ir al teatro.
2. A mi hermano le gustan más los restaurantes mexicanos.
3. A mí me gusta más ir al partido de béisbol.
4. ¿A ti te gusta más ese florero?
5. A nosotros nos gusta más salir temprano.
6. ¿A Uds. les gusta más el verano?

8. De la mañana a la noche

1. Papá se levantó temprano.
2. Mis hermanos se afeitaron en el baño.
3. Yo me bañé por la mañana.
4. Nosotros nos sentamos a comer en la cocina.
5. Tú te probaste la ropa.
6. Mamá se despertó tarde.
7. Uds. se lavaron las manos.
8. Todos nosotros nos acostamos a las diez.

9. Entre amigos

1. f
2. i
3. a
4. j
5. c
6. e
7. b
8. h
9. g
10. d
11. o
12. k
13. p
14. l
15. n
16. m

10. ¿Cuál no va?

1. últimos
2. vez
3. nadar
4. aburrirse
5. ir a un concierto
6. ir a un museo
7. jardín botánico
8. medianoche
9. cambiar
10. bromear

11. ¿Qué pasa aquí?

1. No le gusta el teatro.
2. Le gusta ir al cine.
3. Es menor que Lidia.
4. Lidia se está quejando.
5. Quiere ir a la discoteca.
6. Creo que le gusta bailar.
7. Quiere ver un partido de béisbol.
8. No, no le gustan las telenovelas.
9. Recibió una invitación para una recepción.
10. Es a las nueve de la noche.

PARA LEER

12. Actividades para dos

1. La compañera de cuarto de Ángela es Amalia.
2. Está durmiendo todavía.
3. Fue a una recepción.
4. Se acostó a la medianoche.
5. Va a estudiar en la biblioteca.
6. Está en el hospital.
7. Va a mirar un programa educativo en la televisión.
8. Piensa nadar y patinar.
9. Va a ir a una discoteca.
10. Dice que Ángela probablemente se aburre como una ostra.

PARA ESCRIBIR

13. Cronología

Answers will vary.

Listening Activities

DIÁLOGOS

3. Preguntas y respuestas

1. Son cubanos.
2. Tienen planes para el fin de semana.
3. Fueron a la casa de sus primos.
4. No le gusta ir al teatro.
5. Quiere ver una película americana.
6. Recibieron una invitación a una boda.
7. Se está quejando porque no puede ir a patinar.
8. Cree que se va aburrir con Marcela.
9. Va a ir a nadar con sus amigos.
10. Dice que fue Pablo.
11. Quiere ir a bailar.
12. Va a ir a una discoteca.

PUNTOS PARA RECORDAR

4. Preterit of regular verbs

1. Yo hablé con mi cuñado.
2. Tú compraste el florero.
3. Ella comió en la cafetería.
4. Nosotros volvimos temprano.
5. Mis hermanos escribieron en español.
6. Yo llegué a las dos.
7. Tú cerraste la puerta.
8. Mi mamá leyó ese libro.

5. **Preterit of *ser, ir,* and *dar***
    1. ¿Tú fuiste al cine?
    2. ¿Tu primo fue contigo?
    3. ¿Fueron a patinar?
    4. ¿Tú y yo fuimos por la mañana?
    5. ¿Ellos fueron al partido?
    6. ¿Tú fuiste su estudiante?
    7. ¿Ella fue la mejor profesora?
    8. ¿Yo di mucho dinero?
    9. ¿Tú diste una fiesta?
    10. ¿Ellos dieron su número?

6. **Indirect object pronouns**
    1. Le compré ropa.
    2. Te compré una computadora.
    3. Me compraron una mochila.
    4. Les compré bolígrafos.
    5. No, no les di dinero.
    6. No, no le dieron dinero.

7. **The verb *gustar***
    1. Me gustan más las manzanas.
    2. Le gusta más el pollo.
    3. Nos gusta más la cerveza.
    4. Les gusta más tomar café.
    5. Le gusta más ir al cine.

8. **Reflexive constructions**
    1. Nos acostamos a las diez.
    2. Me baño por la mañana.
    3. No, no puedo bañarme y vestirme en diez minutos.
    4. Sí, se afeita todos los días.
    5. Me pongo ropa negra.
    6. Se sientan cerca de la puerta.
    7. No, no me aburro.
    8. Sí, nos divertimos mucho.

DÍGANOS

9. **Más preguntas**
    1. Vamos al cine.
    2. Sí, me gustó mucho.
    3. Volvemos a la medianoche.
    4. Preferimos ir al teatro.
    5. Comí pollo y ensalada.
    6. Me acosté a las once.
    7. Nos levantamos a las seis.
    8. Visitamos a mi abuela.
    9. Fui a una fiesta.
    10. Voy a estar en la universidad hasta las dos.

EJERCICIOS DE COMPRENSIÓN

10. **Tres opciones**
    1. c: Sara fue a patinar.
    2. c: José y Adela se divierten.
    3. a: Graciela se bañó.
    4. b: Teresa se probó la ropa.
    5. c: Claudia se ríe.
    6. c: Ana vio una buena película.

11. **¿Lógico o ilógico?**
    1. Lógico
    2. Lógico
    3. Lógico
    4. Ilógico
    5. Ilógico
    6. Lógico
    7. Ilógico
    8. Ilógico
    9. Lógico
    10. Lógico

12. **Diálogo**
    1. Fue a montar a caballo.
    2. No, no fue con él.
    3. Le gusta más montar en bicicleta.
    4. Fueron a la playa.
    5. Fue a la casa de Raquel.
    6. Dio una fiesta.
    7. Trabajó en el restaurante.
    8. Fue a ver un partido de béisbol.
    9. Sí, le gusta mucho.
    10. Tiene que invitar a Nora.

PARA ESCUCHAR Y ESCRIBIR

13. **Oraciones**
    1. Tienen dos hijos mellizos de diecisiete años.
    2. Anoche fueron a una fiesta de cumpleaños.
    3. Olga se está quejando porque no puede ir a patinar.
    4. Se va a aburrir con su tía Marcela.
    5. ¡A veces quiero ser hija única!

LECCIÓN 8
Workbook Activities

PARA PRACTICAR

1. **En el pasado**
    1. **traducir:** traduje, tradujiste , —, tradujimos. tradujeron
    2. **traer:** traje, —, trajo, trajimos, trajeron
    3. **tener:** —, tuviste, tuvo, tuvimos, —
    4. **poner:** puse, pusiste, —, pusimos, —
    5. **saber:** supe, —, supo, supimos, supieron
    6. **hacer:** —, hiciste, hizo, —, hicieron
    7. **querer:** quise, quisiste, —, quisimos, —
    8. **conducir:** conduje, —, condujo, —, condujeron

9. **estar:** estuve, estuviste, —, estuvimos, estuvieron
10. **decir:** —, dijiste, dijo, —, dijeron
11. **poder:** —, —, pudo, pudimos, pudieron
12. **venir:** vine, viniste, —, vinimos, —

2. ¿Qué pasó?

1. vinieron / trajeron / puse
2. pudo / tuvo / estuvo
3. dijeron / quisieron
4. vino / condujo

3. ¿A quién se lo damos?

2. Tú **me lo das.**
3. **Yo** se **lo doy.**
4. **Nosotros se lo** damos.
5. **Ellos nos lo dan.**
6. **Yo se lo doy.**
7. Tú **se lo das.**

4. Mamá es muy generosa

1. Mamá nos las compra.
2. Mamá te la compra.
3. Mamá se los compra.
4. Mamá me los compra.
5. Mamá se la compra.
6. Mamá se la compra.

5. ¿Lo hicieron o no?

1. Sí, te (se) lo traje.
2. Sí, nos los dieron.
3. Sí, se lo di.
4. Sí, me la compraron.
5. Sí, me la trajeron.
6. Sí, se las prestamos.
7. Sí, te (se) la limpié.
8. Sí, nos la prepararon.

6. ¿Y qué hicieron ellas?

1. Ellas pidieron tacos.
2. Lola sirvió cerveza.
3. Ellas no se divirtieron.
4. Marisol durmió en casa de una amiga.
5. Ellas se vistieron de rojo.

7. ¿Qué sucedió?

1. Él vino a verme. Me pidió dinero y yo se lo di.
2. Los chicos se divirtieron mucho, pero después tuvieron que trabajar.
3. Ellos trajeron las cartas, las tradujeron y las pusieron en el escritorio.
4. Ella estuvo en la fiesta. ¿Qué hizo él?
5. Nosotros hicimos el café y ellos lo sirvieron.
6. Ella no pudo venir hoy, pero no les dijo nada a sus padres.
7. Muchas personas murieron en accidentes.
8. Teresa no consiguió trabajo, pero siguió buscando.

8. Hace diez años

Mi padre **trabajaba** para la compañía Reyes y mi madre **enseñaba** en la universidad. **Ella era** una profesora excelente. Todos los veranos, mi familia y yo **íbamos** a Caracas a ver a nuestros tíos, y siempre nos **divertíamos** mucho. Mis abuelos **vivían** en Bogotá y no los **veíamos** mucho, pero siempre les **escribíamos** o los **llamábamos** por teléfono.

9. En otros tiempos

1. frecuentemente / raramente
2. generalmente / Normalmente
3. lenta y claramente

10. Crucigrama

HORIZONTAL

2. tabla
4. hacer
5. esquí
7. estrellas
9. raqueta
10. remar
11. abrazo
14. encanta
15. salvavidas
17. dormir
19. electrónicos
20. colombianos

VERTICAL

1. traje
3. alquilar
4. hospedarse
6. pescar
8. campaña
12. actividades
13. cazar
16. acabo
18. palos

11. En un gimnasio

acampar / campaña / bolsas / caña / remar / hacer / bucear

12. ¿Qué dice aquí?

1. Deben venir a Puerto Rico.
2. Porque en Puerto Rico encuentran muchas oportunidades para disfrutar de la naturaleza.
3. Son bellas y naturales.
4. Se puede nadar en las piscinas de los hoteles.
5. Se puede acampar en el llano o en la montaña.
6. Se puede aprender a bucear.
7. En el mar, en los ríos y en los lagos. Sí, se pueden observar aves y otros animales.
8. Puedo practicar fútbol, tenis y béisbol.

PARA LEER

13. Un mensaje
1. Hace una semana que están en Puerto Rico.
2. No pueden conversar.
3. Fueron a acampar cerca de un lago.
4. Cazaron, hicieron una caminata, nadaron, bucearon, remaron...
5. Ellos fueron a pescar.
6. Ella fue con Estela. Tomó el sol.
7. Porque empiezan a trabajar.
8. Van a empezar a trabajar el 30 de agosto.
9. Va a llamar a Amelia.

PARA ESCRIBIR

14. Un correo electrónico
Answers will vary.

15. Sobre el mundo hispánico
1. Cuba
2. tabaco
3. cuatro
4. la cumbia
5. primera
6. Caracas
7. el Salto Ángel

Listening Activities

CORREOS ELECTRÓNICOS

3. Preguntas y respuestas
1. Son amigos.
2. Es colombiano.
3. Un fin de semana.
4. No iba nunca.
5. Tiene varias.
6. No le gusta pescar.
7. Trabaja.
8. En ciudades grandes.
9. Se hospedaba en hoteles.
10. No durmió.
11. La va a traer Jorge.
12. Fabio quiere alquilar una cabaña.

PUNTOS PARA RECORDAR

4. Preterit of irregular verbs
1. No pude ir.
2. Tuve que trabajar.
3. Dijeron que sí.
4. Hizo el pan.
5. No lo supo.
6. Tú condujiste bien.
7. Lo pusimos en la mesa.
8. No quiso comer.
9. Lo tradujeron al inglés.
10. Lo trajeron cuando vinieron.

5. Direct and indirect object pronouns used together
1. Se lo di a Carlos.
2. Nos las trajo mi mamá.
3. Sí, yo se la compré.
4. Me la mandaron ayer.
5. Te lo compré en la panadería.
6. Se la pagó su papá.

6. Stem-changing verbs in the preterit
1. Mis padres no consiguieron el dinero.
2. Lupe se divirtió mucho en la fiesta.
3. Sergio y Carlos siguieron hablando.
4. Mi amigo pidió pescado.
5. Uds. no durmieron bien.
6. Anoche mi hija se sintió mal.

7. The imperfect tense
1. Iba con ellos.
2. Ella era mi profesora.
3. Comían melocotones.
4. Nunca los veías.
5. Tenían mucho dinero.
6. Siempre nos quejábamos.
7. Yo limpiaba la casa.
8. Ud. jugaba bien al tenis.

8. Formation of adverbs
1. rápidamente
2. generalmente
3. recientemente
4. completamente
5. raramente
6. lenta y claramente

DÍGANOS

9. Más preguntas
1. Tomaba el sol.
2. Hacía surfing.
3. Tuve vacaciones en agosto.
4. Acampé.
5. Dormí en una bolsa de dormir.
6. No, me levanté tarde.
7. Sí, me divertí mucho.

EJERCICIOS DE COMPRENSIÓN

10. Tres opciones
1. a: Raúl prefirió ir a pescar.
2. c: Ángel durmió en una tienda de campaña.
3. b: Luis quiso ir a remar.

4. c: Mario llevó una escopeta.
5. a: Pepe hizo una caminata.

11. ¿Lógico o ilógico?

1. Lógico	6. Ilógico
2. Ilógico	7. Lógico
3. Ilógico	8. Ilógico
4. Lógico	9. Lógico
5. Lógico	10. Ilógico

12. Diálogo

1. Pronto van a tener vacaciones.
2. Quiere ir a acampar.
3. Puede prestarles la tienda de campaña.
4. Piensa que se va a aburrir.
5. Prefiere ir a un hotel cerca de una playa.
6. No le gusta ir a la playa.
7. Quiere ir a pescar.
8. Prefiere bucear o hacer surfing.
9. Le regaló una tabla de mar.
10. Van a ir a la playa.
11. Dice que van a ir a acampar.
12. Sí, promete ir a acampar.

PARA ESCUCHAR Y ESCRIBIR

13. Oraciones

1. Ahora están planeando un fin de semana.
2. Pasábamos nuestras vacaciones en ciudades grandes.
3. Te va a encantar dormir bajo las estrellas.
4. ¿Hay muchos mosquitos?
5. Siempre prepara mucha comida, por si acaso.

LECCIÓN 9
Workbook Activities

PARA PRACTICAR

1. ¿Por o para?

para (g) / por (c) / por (d) / por (e) / para (i) / por (c) / para (k) / por (f) / para (h) / para (k) / para (j)

2. ¿Cómo, por qué y para qué?

1. para Lucía
2. *Answers may vary:* por la ventana
3. por el pasaje
4. *Answers may vary:* por teléfono / para hablar con ella
5. *Answers may vary:* por cuatro horas / por la mañana
6. por el tráfico
7. por dos meses
8. para hablar con Ud.

3. ¿Qué tiempo hace?

Answers will vary. Possible answers:

1. Llueve mucho.
2. Hace mucho frío.
3. Hace mucho calor.
4. Hace frío y hay niebla.
5. Hace mucho viento.

4. Lo que fue y lo que era

1. (a) celebraron
2. (f, d) éramos / íbamos
3. (f) Eran
4. (a, a) fui / comí
5. (a, e) tomó / tenía
6. (g) querías
7. (c, a) iba / vi
8. (c) estaba
9. (b, b) hizo / estuvo
10. (b) sentí
11. (a) te divertiste
12. (c, a) estaba / llegó

5. La vida de Amalia

1. era niña / vivían / iban
2. hablaba / le hablaban
3. Eran / llegó
4. me dijo / necesitaba
5. Hacía frío / salió

6. ¿Cuánto tiempo hace de eso?

Hace veinte minutos que llegamos / Hace seis horas que desayuné / hablé con ella hace dos días (hace dos días que hablé con ella) / hace un mes

7. Lo nuestro y lo de ellos

1. los nuestros	5. la tuya
2. la suya	6. el mío
3. los míos	7. la nuestra
4. el suyo	8. los tuyos

8. Conversaciones breves

1. g	9. d
2. j	10. b
3. e	11. n
4. a	12. p
5. h	13. k
6. c	14. o
7. i	15. m
8. f	16. l

9. ¿Qué pasa aquí?

1. Se va a probar un vestido.
2. Sí, está en liquidación.
3. Le quiere comprar una camisa y una corbata.
4. Quiere comprar unos aretes.
5. Lleva un par de botas.
6. Adela calza el nueve.

7. No, no le van a quedar bien.
8. Le van a quedar chicos.
9. No, no piensa comprarlas.
10. Se llama "La Elegancia".

10. **¿Cuál no va?**
1. aretes
2. calzoncillos
3. buscar
4. ramo
5. según
6. conoce
7. corbata
8. Necesito una bufanda.
9. tacaño
10. cómodo
11. oro
12. empleado

PARA LEER

11. **Planes para mañana**
1. Piensa levantarse temprano.
2. Va a bañarse, afeitarse y vestirse.
3. Quiere salir temprano para ir de compras.
4. No, va a desayunar en una cafetería del centro.
5. Quiere estar en la tienda a las ocho.
6. Quiere ir a la tienda La Época porque tienen una gran liquidación.
7. Va a comprar un traje, dos camisas, un pantalón y dos o tres corbatas.
8. Tiene que ir al departamento de señoras.
9. Quiere comprarle una blusa y una falda.
10. No le gusta nada.

PARA ESCRIBIR

12. **Un correo electrónico**
Answers will vary.

Listening Activities

DIÁLOGOS

3. **Preguntas y respuestas**
1. Viven y estudian en Lima.
2. Se conocieron hace dos años.
3. Usa talla mediana.
4. Quiere una camisa blanca.
5. Empezó el invierno.
6. Tiene que comprar un regalo para su mamá.
7. Le va a regalar un ramo de flores.
8. Necesita un par de zapatos.
9. Le quedaban chicas.
10. Prefiere usar zapatos de tenis.
11. Le gusta más andar descalzo.
12. Va a llamar a su compañera de cuarto.

PUNTOS PARA RECORDAR

4. **Some uses of *por* and *para***
1. Pagué cincuenta dólares por el pantalón.
2. Me voy a quedar en Lima por quince días.
3. Necesito la camisa para mañana.
4. Salgo para Quito el lunes.
5. Me gusta más llamar por teléfono.
6. Sí, son para mí.
7. No va conmigo por no tener dinero.
8. Salieron por la puerta.

5. **Weather expressions**
1. Sí, nieva mucho.
2. No, no hace frío.
3. No, no hace calor.
4. Sí, llueve frecuentemente.
5. Sí, generalmente hace buen tiempo.

6. **The preterit contrasted with the imperfect**
1. Vivíamos en Guayaquil.
2. Íbamos a Cuzco.
3. No, no veía a mis abuelos frecuentemente.
4. Me gustaba comer pizza.
5. Fui a la tienda.
6. Compré un par de zapatos.
7. Mi mamá hizo la comida.
8. Eran las ocho cuando llegué a clase ayer.
9. Estaba escribiendo cuando llegué.
10. Nos dijo que teníamos un examen.

7. ***Hace...* meaning *ago***
1. Hace dos horas que me levanté.
2. Hace una hora que comí.
3. Hace dos meses que fui de vacaciones.
4. Hace un año que empecé a estudiar español.
5. Hace tres días que tuvimos un examen.

8. **Possessive pronouns**
1. La mía es azul.
2. El suyo está allí.
3. Las mías son negras.
4. Las nuestras son baratas.
5. Las tuyas están en tu casa.

DÍGANOS

9. **Más preguntas**
    1. Necesito comprar un par de botas.
    2. Sí, siempre me pruebo la ropa antes de comprarla.
    3. Vivía en California.
    4. Uso talla mediana.
    5. Calzo el número diez.
    6. Compré un regalo para mi mamá.
    7. Los dejé en mi casa.
    8. Los míos son negros también.
    9. Eran las siete cuando salí de mi casa.
    10. Le dije que necesitaba ropa.

EJERCICIOS DE COMPRENSIÓN

10. **Tres opciones**
    1. a: Isabel usa talla cinco.
    2. c: Luz fue a la zapatería.
    3. b: Carlos quería comprar pantalones.
    4. b: Carmen decidió comprar faldas.
    5. c: Las sandalias le van a quedar chicas.
    6. a: Jorge estaba en el probador.

11. **¿Lógico o ilógico?**

1. Ilógico	6. Lógico
2. Lógico	7. Lógico
3. Ilógico	8. Lógico
4. Ilógico	9. Ilógico
5. Lógico	10. Ilógico

12. **Diálogo**
    1. Fue a la tienda.
    2. Es para Julia.
    3. Necesita una blusa.
    4. Le compró unos aretes.
    5. Sale mañana por la mañana.
    6. Va a estar allí por un mes.
    7. Vivía en Buenos Aires.
    8. Tenía quince años.
    9. Porque está lloviendo.
    10. Dice que ella le presta el suyo.

PARA ESCUCHAR Y ESCRIBIR

13. **Oraciones**
    1. Se conocieron en la Facultad de Medicina hace dos años.
    2. ¿Por qué no te pruebas estos pantalones?
    3. Todo esto me va a costar un ojo de la cara.
    4. Creo que calzo el número cuarenta y cuatro.
    5. Te hago un gran favor invitándote a cenar.

LECCIÓN 10

Workbook Activities

PARA PRACTICAR

1. **Para completar**

1. depositado	9. abierto
2. cobrar	10. romper
3. hecho	11. vuelto
4. recibir	12. cerrar
5. escrito	13. puesto
6. comer	14. beber
7. muerto	15. visto
8. decir	16. leer

2. **Todo está hecho**

1. pagada	5. depositado
2. cerradas	6. traducidos
3. escritos	7. abierto
4. firmada	8. hechas

3. **¡Pobre Marisol!**
    1. Marisol ha perdido las llaves y no las ha encontrado.
    2. Ha ido a casa de su novio, pero no lo ha visto.
    3. Ha estacionado su coche frente a un hidrante.
    4. Sus amigos no la han invitado a la fiesta.
    5. Tú no la has llamado por teléfono.
    6. Nosotros no le hemos traído nada de Asunción.
    7. En el banco, ha tenido que esperar una hora.
    8. Sus padres no la han esperado para cenar.
    9. Ha pedido un préstamo y no se lo han dado.
    10. Ha tratado de sacar dinero del cajero automático y no ha podido.

4. **Diligencias**
    1. había ido / había puesto
    2. había llevado
    3. habían hecho
    4. habías abierto
    5. habíamos limpiado / habíamos sacudido
    6. habíamos sido

5. **Órdenes**
    2. deje, dejen
    3. coman
    4. beba, beban
    6. abra, abran
    8. ponga, pongan

10. atienda, atiendan
12. vuelva, vuelvan
14. sirva, sirvan
15. vayan
16. sea
17. estén

6. **¡Hágalo! o ¡No lo haga!**
1. Páguela.
2. Pídalo el lunes.
3. Cómprelas hoy.
4. No la envíe; déjela en el escritorio.
5. Estaciónelo en la calle.
6. Fírmelas y déselas al cajero.
7. Mándelos hoy.
8. No los cobre todavía.

7. **Crucigrama**

HORIZONTAL

2. conjunta	14. batería
4. corriente	16. saldo
6. cobrar	18. efectivo
7. solicitar	20. préstamo
10. automático	21. tanque
12. repuesto	

VERTICAL

1. pinchada	11. mecánicos
3. talonario	13. taller
5. oficina	15. estampillas
8. cerrado	17. bolsas
9. feriado	19. caja

8. **Conversaciones breves**

1. f	5. c	9. g
2. h	6. i	10. d
3. j	7. b	
4. a	8. e	

9. **¿Qué dice aquí?**
1. Se llama Banco del Sur.
2. No, no hay que pagar nada por las cuentas corrientes; son gratis.
3. Si abren su cuenta antes del 30 de marzo, no tienen que pagar durante los primeros seis meses.
4. No es necesario pagar por los cheques.
5. No hay que mantener un saldo mínimo.
6. Es posible llamar al banco las 24 horas del día, los 7 días de la semana.
7. Sí, es posible depositar dinero los sábados porque el banco abre los sábados.
8. Sí, el banco tiene sucursales.
9. No, no tienen que pagar por la llamada.
10. Requiere un depósito mínimo de 100.000 guaraníes.

PARA LEER

10. **Un banco paraguayo**
1. Está en Asunción.
2. Abre a las nueve y cierra a las tres.
3. No, no puede ir porque el banco no abre los sábados.
4. Paga un interés del cinco por ciento.
5. No, no va a perder el interés.
6. Sí, es una buena idea porque paga un buen interés.
7. Sí, paga el tres por ciento.
8. Debe depositar un mínimo de quinientos mil guaraníes.

PARA ESCRIBIR

11. **Transacciones**
Answers will vary.

12. **Sobre el mundo hispánico**

1. Quito	5. Paraguay
2. antigua	6. Sucre
3. incaica	7. Titicaca
4. guaraní	

Listening Activities

DIÁLOGOS

3. **Preguntas y respuestas**
1. Muy temprano.
2. Muy larga.
3. Es de cambios mecánicos.
4. No funcionan bien.
5. Necesita un acumulador nuevo.
6. Cuesta un ojo de la cara.
7. Es un día feriado.
8. En su cuenta de ahorros.
9. Con el gerente.
10. No consiguió el préstamo.
11. Tomó un colectivo.
12. Danielito escondió el teléfono celular.

PUNTOS PARA RECORDAR

4. **Past participles**
1. Sí, está cerrada.
2. Sí, están abiertas.
3. Sí, está escrita en español.
4. Sí, está hecho.
5. Sí, están rotos.
6. Sí, están acostados.
7. Sí, está servida.
8. Sí, están arreglados.

5. **Present perfect tense**
   1. Ya la he fechado.
   2. Ya los hemos llevado.
   3. Ya las ha traído.
   4. Ya han ido.
   5. Ya la he abierto.

6. **Past perfect tense**
   1. Habían sacado dinero del banco.
   2. Habían traído los sellos.
   3. Habías ido al correo.
   4. Había llenado la planilla.
   5. Había depositado el dinero.
   6. Habíamos abierto la cuenta.

7. **Formal commands: *Ud.* and *Uds.***
   1. Póngalo aquí.
   2. No lo compre hoy.
   3. Háblenle en inglés.
   4. Levántese temprano.
   5. Llévenlo al banco.
   6. Hagan el depósito.
   7. No les dé las planillas.
   8. Pidan un préstamo.
   9. Vaya a la tintorería.
   10. No se sienten aquí.

DÍGANOS

8. **Más preguntas**
   1. No, no he abierto una cuenta.
   2. No, no recuerdo el número de mi cuenta.
   3. Sí, cuando voy al banco siempre tengo que esperar mucho.
   4. Sí, siempre tengo mi talonario de cheques conmigo.
   5. Sí, tengo una cuenta conjunta con mi hermano.
   6. Sí, sé el saldo de mi cuenta.
   7. Sí, había solicitado un préstamo.
   8. No, no mando muchos correos electrónicos.
   9. Sí, siempre llevo mi ropa a la tintorería.
   10. No, no he pedido un préstamo recientemente.

EJERCICIOS DE COMPRENSIÓN

9. **Tres opciones**
   1. b: El banco está cerrado.
   2. b: Luisa está en el banco, hablando con el empleado.
   3. c: Olga no recuerda el número de su cuenta.
   4. a: El señor Vera necesita tres estampillas.
   5. c: Gerardo ha decidido mandar una tarjeta postal.
   6. b: Ada ha enviado una carta.

10. **¿Lógico o ilógico?**

1.	Ilógico	6.	Lógico
2.	Ilógico	7.	Lógico
3.	Lógico	8.	Lógico
4.	Ilógico	9.	Lógico
5.	Ilógico	10.	Ilógico

11. **Diálogo**
   1. Quiere cobrar un cheque.
   2. Debe firmar el cheque.
   3. Lo quiere en efectivo.
   4. No, no lo tiene.
   5. No, no lo recuerda.
   6. Puede buscar el número en la computadora.
   7. Necesita saber el saldo de su cuenta de ahorros.
   8. Tiene 1.500 guaraníes.
   9. Quiere solicitar un préstamo.
   10. Debe hablar con el Sr. Acosta.

PARA ESCUCHAR Y ESCRIBIR

12. **Oraciones**
   1. Daniel se ha levantado muy temprano.
   2. Creo que tengo una llanta pinchada.
   3. Voy a necesitar piezas de repuesto.
   4. Quiero abrir una cuenta conjunta.
   5. No he tenido tiempo de preparar el almuerzo.

LECCIÓN 11
Workbook Activities

PARA PRACTICAR

1. **Quieren que todos...**
   2. espere, esperes, espere, esperemos, esperen
   4. beba, bebas, beba, bebamos, beban
   6. reciba, recibas, reciba, recibamos, reciban
   7. —, hagas, haga, hagamos, hagan
   8. diga, —, diga, digamos, digan
   9. cierre, cierres, —, cerremos, cierren
   10. vuelva, vuelvas, vuelva, —, vuelvan
   11. sugiera, sugieras, sugiera, sugiramos, —
   12. duerma, duermas, duerma, —, duerman
   13. sienta, sientas, sienta, sintamos, —
   14. —, comiences, comience, comencemos, comiencen

15. empiece, empieces, empiece, empecemos, empiecen
16. dé, —, dé, demos, den
17. esté, estés, —, estemos, estén
18. vaya, vayas, vaya, —, vayan
19. sea, seas, sea, seamos, —
20. —, sepas, sepa, sepamos, sepan

2. ¿Qué quieren que hagamos?

2. Yo quiero que tú aprendas.
3. Tú quieres que él salga.
4. Ella quiere que nosotros bebamos.
5. Nosotros queremos que ella venga.
6. Uds. quieren que ellos (ellas) lean.
7. Ellos quieren que Uds. viajen.
8. Uds. quieren que nosotros estudiemos.
9. Ellos quieren que nosotros escribamos.
10. Él quiere que nosotros durmamos.
11. Yo quiero que tú esperes.
12. Ellas quieren que Uds. comiencen (empiecen).
13. Ella quiere que él trabaje.
14. Nosotros queremos que ellas vayan.

3. Sugerencias y consejos

1. nosotros le demos el dinero
2. ellos vayan al aeropuerto
3. pida los asientos
4. traigas los pasajes
5. ella sea su novia
6. yo compre las maletas
7. tome pastillas
8. Uds. estén en la agencia a las cinco

4. ¿Qué está pasando?

1. Elba tenga problemas
2. sean antipáticos
3. tú tengas que pagar exceso de equipaje
4. no podamos viajar hoy
5. no tengamos que cancelar la reservación
6. María y yo podamos ir en un crucero
7. Ud. viaje en primera clase
8. ellos sepan a cómo está el cambio de moneda

5. Mensajes electrónicos

1. vayas / sigas / ir / hagas / estés
2. viajes / pases / poder / visitemos / puedas
3. puedas / tengas / conocer

6. Dos días en la vida de Luis

1. a / a / a / a / a / en / a / de
2. a / de / de / de
3. a / en / de
4. a / a / en / a

7. Conversaciones breves

1. g	5. j	9. d	13. o
2. i	6. c	10. h	14. k
3. e	7. b	11. n	15. m
4. a	8. f	12. p	16. l

8. ¿Cuál no va?

1. la salida
2. llamada
3. dejar
4. sentir
5. compartir
6. emergencia
7. impresora
8. excursión
9. lo mismo
10. cinturón de seguridad

9. ¿Qué pasa aquí?

1. Va a viajar a Santiago.
2. No, compró un pasaje de ida y vuelta.
3. Hay vuelos los jueves y sábados.
4. Está en el aeropuerto.
5. Lleva cuatro maletas.
6. La puerta de salida es la número siete.
7. Va a tener que pagar exceso de equipaje.
8. Le va a dar la tarjeta de embarque a la auxiliar de vuelo.
9. No, no viaja a la misma ciudad.
10. Sí, es un vuelo directo.

PARA LEER

10. Turismo

1. Son las más completas y baratas.
2. Nadie da mejores precios que Turismo Los Andes.
3. El pasaje en avión, el hotel y la transportación están incluidos.
4. No, tiene varios tipos de excursiones.
5. Es más barato viajar entre semana.
6. Recibe un descuento de un cinco por ciento.
7. Va a visitar Buenos Aires, Bariloche y Mar del Plata.
8. Debe llamar al número 1-800-TURLA.

PARA ESCRIBIR

11. Diálogo

Answers will vary.

Listening Activities

DIÁLOGOS

3. Preguntas y respuestas

1. Es la capital de Chile.
2. Quiere ir a Viña del Mar.
3. Quiere saber lo que cuestan los pasajes.
4. Prefiere viajar en coche.
5. No le gusta hacer siempre lo mismo.

6. Teme que les cueste mucho dinero.
7. Héctor convenció a Sofía.
8. Decidió ir a Buenos Aires.
9. Quiere sentarse cerca de la salida de emergencia.
10. Llevan cinco maletas.
11. Es la número tres.
12. Espera que el piloto tenga experiencia.

PUNTOS PARA RECORDAR

4. The subjunctive mood

1. Queremos que vayan a la agencia.
2. Quiere que compre los pasajes.
3. Nos aconseja que vayamos a Santiago.
4. Me pide que lo lleve al banco.
5. Te sugiero que viajes en avión.
6. Les recomendamos que busquen información.
7. Quieren que vuelva temprano.
8. Le sugiero que pida un préstamo.
9. Necesitamos que consiga los billetes.
10. Quiero que llamen a la agencia.

5. Subjunctive with verbs of volition

1. Eva no quiere que tú cobres el cheque.
2. Eva no quiere que Julio viaje hoy.
3. Eva no quiere que tú lleves dos maletas.
4. Eva no quiere que ellos hablen con el piloto.
5. Eva no quiere que yo le pida dinero a papá.
6. Eva no quiere que nosotros le demos nuestra dirección.

6. Subjunctive with verbs of emotion I

1. Espero que ellos puedan venir mañana.
2. Siento que tú estés cansado.
3. Temo que nosotros no tengamos tiempo hoy.
4. Me alegro de que Rosa los vea.
5. Siento que Uds. tengan que trabajar hoy.
6. Espero que Ud. termine mañana.

7. Subjunctive with verbs of emotion II

1. Espero que Carlos venga hoy.
2. Sentimos que ellos no estén aquí.
3. Temo que hoy llueva.
4. Me alegro de que nosotros podamos llevarlo al aeropuerto.
5. Sentimos que tú tengas que trabajar.
6. Él teme que yo tenga un problema.

8. Prepositions *a*, *de*, and *en*

1. Llego a mi casa el lunes.
2. Llego a las tres de la tarde.
3. Empiezo a trabajar en la agencia en julio.
4. Voy a viajar en avión.
5. Voy a llamar a mi cuñado.
6. Le voy a hablar del viaje.

DÍGANOS

9. Más preguntas

1. No puedo ponerme de acuerdo con mi hermano.
2. Le sugiero que vaya a Buenos Aires.
3. Compré los pasajes en una agencia de viajes.
4. No, nunca he estado en Viña del Mar.
5. Busqué la información en la Internet.
6. Le aconsejo que viaje en avión.
7. Les sugiero que tomen pastillas para los nervios.
8. Le sugiero que pida un asiento de pasillo.
9. Llevo dos maletas cuando viajo.
10. Le di la tarjeta de embarque.

EJERCICIOS DE COMPRENSIÓN

10. Tres opciones

1. a: Pedro compró un pasaje de ida y vuelta.
2. b: Luisa está en la agencia de viajes.
3. a: Luisa lleva una maleta.
4. c: Paula tiene que pagar exceso de equipaje.
5. b: Los pasajeros suben al avión.
6. c: Mario tiene un asiento de ventanilla.

11. ¿Lógico o ilógico?

1.	Ilógico	6.	Lógico
2.	Ilógico	7.	Lógico
3.	Lógico	8.	Lógico
4.	Ilógico	9.	Ilógico
5.	Ilógico	10.	Lógico

12. Diálogo

1. Tiene que reservar los pasajes.
2. No puede decidir si prefiere ir a Mar del Plata o a Viña del Mar.
3. Va a preguntar si hay vuelos los domingos.
4. No puede reservar los pasajes porque no saben lo que van a hacer.
5. Tiene que llamar a su mamá.
6. Tiene que preguntarle si ella puede prestarles sus maletas.
7. No puede llamarla ahora porque tiene que ir a la oficina.
8. Porque tiene mucho trabajo.

PARA ESCUCHAR Y ESCRIBIR

13. Oraciones

1. Yo te aconsejo que averigües lo que cuestan dos pasajes.
2. No quiero que trabajes durante nuestras vacaciones.

3. Hay paquetes que incluyen vuelo directo a Buenos Aires.
4. Tienen que pagar exceso de equipaje.
5. Le dan las tarjetas de embarque al auxiliar de vuelo.

LECCIÓN 12

Workbook Activities

PARA PRACTICAR

1. ¿Existe o no?

Answers will vary. Possible answers:

1. Vamos a un restaurante donde sirven comida mexicana.
2. ¿Hay algún restaurante donde sirvan comida mexicana?
3. Tengo una empleada que habla inglés.
4. Necesito un empleado que hable inglés.
5. Tengo una amiga que es de Cuba.
6. No conozco a nadie que sea de Chile.

2. En una agencia de viajes

1. pueda / trabaja
2. sepa / saben
3. tenga / tienen
4. incluya / incluyen
5. sea / son

3. Las preguntas de Carlos

1. No, no hay nadie en mi familia que conozca Uruguay.
2. Sí, conozco a dos chicas que son de Brasil.
3. No, no hay nadie en la clase que sea de Perú.
4. No, yo tengo un empleado que habla español.
5. No, no hay nada que Ud. pueda hacer por mí.

4. Órdenes

1. viaja / no viajes
2. come / no comas
3. escribe / no escribas
4. hazlo / no lo hagas
5. ven / no vengas
6. báñate / no te bañes
7. vístete / no te vistas
8. duérmete / no te duermas
9. ponlo / no lo pongas
10. ve / no vayas
11. sé / no seas
12. dámelas / no me las des
13. levántate / no te levantes
14. ten / no tengas
15. sal / no salgas
16. díselo / no se lo digas

5. ¿Qué tiene que hacer Ana?

Ve / tráeme / Pregunta / Ven / llama / Dile / le digas / haz / ponla

6. Minidiálogos

1. se enamoró de / (ella) no se casó con
2. insisten en / no se dan cuenta de
3. comprometerme con / se van a alegrar de (van a alegrarse de)
4. acordarte de / me olvido de
5. no confiaba en / convinimos en

7. ¿En qué piso están?

1. décimo
2. segundo
3. séptimo
4. tercer
5. octavo
6. cuarto
7. sexto
8. noveno
9. quinto

8. Crucigrama

HORIZONTAL

4. bañadera
5. cédula
7. doble
8. habitación
14. disponible
16. rato
17. montón
20. botones
22. calefacción
23. peruano
24. acondicionado

VERTICAL

1. jardín
2. crédito
3. lujo
6. privado
7. dueño
9. ascensor
10. vista
11. pensión
12. pesimista
13. piso
15. caliente
18. lavabo
19. piscina
21. enseñar

9. Conversaciones breves

1. g
2. c
3. h
4. f
5. i
6. b
7. e
8. j
9. a
10. d

10. ¿Qué dice aquí?

1. Se llama Costa de Oro.
2. Está en Mar del Plata.
3. No, es grande. Tiene 120 habitaciones y 10 suites.
4. Tienen baño privado.
5. Puedo dejarlo en la caja de seguridad.
6. Sí, porque el hotel tiene servicio de Internet.
7. Sirven comida internacional.
8. Pueden comer 400 personas.

9. Sí, el hotel tiene garaje.
10. Sí, puedo hacerlo porque hay salas de convenciones. Pueden asistir 800 personas.

PARA LEER

11. Hotel Tropical

1. Sí, creo que está en la playa porque tiene habitaciones con vista al mar.
2. No, no va a tener calor porque las habitaciones tienen aire acondicionado.
3. Cobran 320 pesos.
4. Debe pagar 180 pesos.
5. Van a pagar 500 pesos en total.
6. Sí, puede comerla en el Hotel Tropical.
7. Sí, sirven comida internacional.
8. La pensión Romero es más barata.
9. Paga 300 pesos.
10. No tiene que pagar extra por las comidas. El precio incluye todas las comidas.

PARA ESCRIBIR

12. Una carta desde Brasil

Answers will vary.

13. Sobre el mundo hispánico

1. de norte a sur
2. vino
3. octavo
4. italianos
5. pequeño
6. Chile y Ecuador

Listening Activities

DIÁLOGOS

3. Preguntas y respuestas

1. Están de vacaciones en Montevideo.
2. Quieren un hotel que no sea muy caro.
3. Desea un hotel cerca de la playa.
4. Es optimista.
5. Hay muchos hoteles que tienen aire acondicionado.
6. Mariana tiene una tarjeta de crédito.
7. Es el dueño de la pensión.
8. Hay una habitación disponible.
9. Incluye las comidas.
10. No tienen baño privado.
11. Está cerca de la playa.
12. Quiere ir a Río.

PUNTOS PARA RECORDAR

4. Subjunctive to express indefiniteness and nonexistence

1. No, no hay nadie en mi familia que hable portugués.
2. No, no conozco a nadie que trabaje en un hotel.
3. Sí, hay un señor que quiere hospedarse en una pensión.
4. Sí, hay dos vuelos que salen para Brasil el sábado.
5. No, no hay ninguna excursión que incluya el hotel.
6. Sí, conozco a una chica que vive en Montevideo.

5. Familiar commands: affirmative

1. Sí, resérvalo.
2. Sí, ve hoy.
3. Sí, pídelo.
4. Sí, hazlas hoy.
5. Sí, vuelve más tarde.
6. Sí, ven mañana.
7. Sí, ponlas aquí.
8. Sí, mándalo con el botones.
9. Sí, pregúntalo.
10. Sí, ve ahora.

6. Familiar commands: negative

1. No, no la des el sábado.
2. No, no digas nada.
3. No, no lo reserves ahora.
4. No, no viajes esta semana.
5. No, no vayas ahora.
6. No, no llames un taxi.
7. No, no hables con el dueño.
8. No, no lo pongas aquí.

7. Verbs and prepositions

1. Se comprometió con mi amiga.
2. No, no me olvidé de reservar los pasajes.
3. Confío en mi mejor amigo.
4. No, no insisto en viajar en primera clase.
5. Convinimos en ir a Montevideo.
6. Entramos en la pensión a las dos.
7. Sí, me acordé de traer los folletos.
8. Me di cuenta de que necesitaba la cédula de identidad ayer.

8. Ordinal numbers

1. Febrero es el segundo mes del año.
2. Julio es el séptimo mes del año.
3. Enero es el primer mes del año.
4. Mayo es el quinto mes del año.
5. Septiembre es el noveno mes del año.
6. Marzo es el tercer mes del año.
7. Junio es el sexto mes del año.

8. Abril es el cuarto mes del año.
9. Agosto es el octavo mes del año.

DÍGANOS

9. **Más preguntas**
   1. Prefiero estar en el primer piso.
   2. Prefiero una habitación con vista a la piscina.
   3. No, me gusta nadar en la piscina.
   4. Desocupo el cuarto a las doce.
   5. No, pago con tarjeta de crédito.
   6. Sí, tiene aire acondicionado y calefacción.
   7. Sí, tiene bañadera y ducha.
   8. Me baño con agua caliente.
   9. No, no tengo televisor en mi cuarto.
   10. Llegué tarde.

EJERCICIOS DE COMPRENSIÓN

10. Tres opciones
    1. c: El cuarto tiene una cama doble.
    2. c: El cuarto tiene baño privado.
    3. a: El botones lleva las maletas al cuarto.
    4. b: El botones quiere que el señor Soto le dé una propina.
    5. b: Miguel necesita calefacción en el cuarto.
    6. a: El baño tiene bañadera.

11. **¿Lógico o ilógico?**

1. Ilógico	6. Lógico
2. Ilógico	7. Ilógico
3. Lógico	8. Ilógico
4. Lógico	9. Lógico
5. Lógico	10. Ilógico

12. **Diálogo**
    1. Debe llamar al dueño de la pensión Saldívar.
    2. Debe llamarlo para reservar un cuarto.
    3. Quiere hospedarse en un buen hotel.
    4. Incluyen la comida.
    5. Son más baratas que los hoteles.
    6. Dice que no hay ninguna que sea tan buena como un hotel.
    7. Tiene aire acondicionado.
    8. Quiere un cuarto con vista del mar.
    9. Va a ir a la agencia de viajes.
    10. Va a pedir información sobre hoteles.

PARA ESCUCHAR Y ESCRIBIR

13. **Oraciones**
    1. Queremos un hotel que tenga servicio de habitación.
    2. Probablemente cobran doscientos dólares por noche.
    3. Hay uno disponible en el segundo piso.
    4. La pensión está en un lugar céntrico.
    5. Allí va a haber hoteles más baratos.

LECCIÓN 13

Workbook Activities

PARA PRACTICAR

1. **Graciela siempre contradice**
   1. que podamos hablar con el Dr. Peña hoy
   2. que Ernesto se sienta mejor
   3. que Magali tenga apendicitis
   4. que la enfermera le ponga una inyección
   5. que el médico continúe atendiendo a los pacientes
   6. que ese hospital sea muy bueno
   7. que le hagan radiografías
   8. que Alina siempre se desmaye

2. **¿Qué va a pasar?**
   1. cuando venga la enfermera, me va a poner una inyección
   2. hasta que llegue
   3. en cuanto llegue, me va a desinfectar la herida
   4. Roberto va a comprar la medicina tan pronto como reciba el dinero
   5. ella me va a hablar en cuanto me vea
   6. Teresa se va a ir a su casa en cuanto termine

3. **Nos ayudamos**
   1. quieras / prefiera / deseen
   2. llegue / vengan / salgas
   3. le hagan / lo vea / se empeore
   4. me lleven / vengas / traiga

4. **Servicio médico**

1. es / sea	5. llego
2. tiene / sean	6. sirvan / está
3. llamen	7. llames
4. veas	8. llegamos

5. **Los recién casados**
   1. Quedémonos por dos semanas.
   2. Hospedémonos en el Alcázar.
   3. Hablemos con el dueño.
   4. Comamos en el cuarto.
   5. Pidámosela al empleado.
   6. Dejémoslo en la caja de seguridad.
   7. Acostémonos temprano.
   8. Levantémonos tarde.
   9. Vamos a la tienda.
   10. Compremos ropa y zapatos.

6. **¿Qué me preguntaste?**
   1. ¿Qué es el catalán?
   2. ¿Cuál es el número de teléfono del hotel?
   3. ¿Cuál es la dirección?
   4. ¿Qué es una (la) paella?

7. **El mensaje de Mirta**
   accidente / chocó / paramédicos / sala / ambulancia / herida / desinfectó / antitetánica / dolía / dolor / radiografías / fractura / muletas / alérgica / hinchada

8. **¿Cuál no va?**

1.	corazón	7.	dudó
2.	tobillo	8.	herida
3.	cuello	9.	lastimarse
4.	pie	10.	escalera
5.	árbol	11.	dolor
6.	llorar	12.	quemarse

9. **¿Qué pasa aquí?**
   1. Está en la sala de emergencia.
   2. Le va a poner una inyección.
   3. No quiere que le ponga la inyección.
   4. Se lastimó el brazo.
   5. No, no va a necesitar muletas.
   6. Está en la sala de rayos X.
   7. Se lo está quitando.
   8. La enfermera está con Rita.
   9. Le va a hacer unas radiografías.

PARA LEER

10. **Carta para Marta**
    1. Isabel le escribe a Marta.
    2. No va a poder ir a la playa porque ayer tuvo un accidente.
    3. Isabel se cayó en la escalera.
    4. Se fracturó una pierna.
    5. Isabel pensaba que solo tenía una torcedura.
    6. La llevaron a la sala de rayos X.
    7. Supo que tenía la pierna rota.
    8. Va a tener que usar muletas.
    9. Va a tener que usarlas por tres semanas.
    10. Isabel espera ver pronto a Marta.

PARA ESCRIBIR

11. **Una invitación**
    Answers will vary.

Listening Activities

DIÁLOGOS

3. **Preguntas y respuestas**
   1. Piensa que va a ser un día muy largo.
   2. Chocó con un árbol.
   3. Se golpeó el hombro.
   4. Se cayó en una tienda.
   5. Se cortó la pierna.
   6. Le van a poner una inyección antitetánica.
   7. Le van a hacer análisis.
   8. Se quemó la mano.
   9. Tiene la cara hinchada.
   10. No había almorzado.
   11. Son los hijos del Dr. Mena.
   12. Fue un día como cualquier otro.

PUNTOS PARA RECORDAR

4. **Subjunctive to express doubt, disbelief, and denial**
   1. Dudo que haya muchos pacientes.
   2. No es verdad que lo traigan en una ambulancia.
   3. Él niega que ellos sean los pacientes.
   4. Estoy seguro de que le van a hacer unas radiografías.
   5. No estoy seguro de que tengamos que ponerle una inyección.
   6. Es cierto que es una torcedura.
   7. Dudo que necesite puntos.
   8. Creo que necesita usar muletas.
   9. Dudo que sepa poner inyecciones.
   10. Es verdad que van a la sala de emergencia.

5. **Subjunctive with certain conjunctions**
   1. Van a hablar con el médico cuando él llegue.
   2. No van a hacer las radiografías hasta que él venga.
   3. La voy a llamar tan pronto como ellos salgan.
   4. Le vamos a dar la medicina cuando esté la enfermera.
   5. Va a descansar en cuanto llegue a su casa.
   6. No voy a comprar nada hasta que él me dé el dinero.

6. **First-person plural commands**
   1. Vamos al restaurante Miramar.
   2. Sentémonos cerca de la ventana.
   3. Comamos bistec con ensalada.
   4. Tomemos una botella de vino.
   5. Pidamos helado.
   6. Démosle diez dólares.

7. No, no vayamos al cine después.
8. Volvamos a las doce.
9. No, no nos acostemos en seguida.
10. Levantémonos a las nueve.

DÍGANOS

7. Más preguntas

1. A veces me duele la cabeza.
2. No, nunca he perdido el conocimiento.
3. No, nunca he tenido una reacción alérgica.
4. Sí, he tenido que ir a la sala de emergencia dos o tres veces.
5. Me hicieron radiografías y análisis.
6. No, no me han puesto una inyección antitetánica recientemente.
7. Sí, me he quemado la mano varias veces.
8. Sí, creo que puedo desinfectar una herida.
9. No, no creo que pueda aprender a poner inyecciones.
10. Fue un día como cualquier otro.

EJERCICIOS DE COMPRENSIÓN

8. Tres opciones

1. b: Beto tiene la pierna rota.
2. a: Susana perdió el conocimiento.
3. b: Nora tiene una herida en el brazo.
4. a: La enfermera le va a limpiar la herida a Rosa.
5. a: A José le van a poner una inyección.
6. a: Jorge se cayó en la escalera.

9. ¿Lógico o ilógico?

1. Ilógico
2. Lógico
3. Ilógico
4. Lógico
5. Lógico
6. Lógico
7. Ilógico
8. Ilógico
9. Lógico
10. Lógico

10. Diálogo

1. Está en el hospital.
2. Porque tuvo un accidente.
3. Chocó en la esquina de su casa.
4. Los paramédicos lo llevaron.
5. Dice que tienen que ir a verlo.
6. Sí, los ha llamado.
7. Sí, ya han llegado.
8. Hace cinco minutos.
9. Le han hecho radiografías.
10. Tiene una pierna rota.
11. Le duele la espalda.
12. Tiene una herida en el brazo.

PARA ESCUCHAR Y ESCRIBIR

11. Oraciones

1. Hay muchos pacientes en la sala de emergencia.
2. Mi coche chocó con un árbol y me golpeé el hombro.
3. Estoy casi seguro de que es una torcedura.
4. Le vamos a poner una inyección antitetánica.
5. El señor tuvo una reacción alérgica y tiene la cara hinchada.

LECCIÓN 14

Workbook Activities

PARA PRACTICAR

1. ¿Qué pasará?

1. ayudaré, ayudarás, ayudará, ayudaremos, ayudarán
2. —, dirás, dirá, diremos, dirán
3. haré, —, hará, haremos, harán
4. querré, querrás, —, querremos, querrán
5. sabré, sabrás, sabrá, —, sabrán
6. podré, podrás, podrá, podremos, —
7. —, saldrás, saldrá, saldremos, saldrán
8. pondré, —, pondrá, pondremos, pondrán
9. vendré, vendrás, —, vendremos, vendrán
10. tendré, tendrás, tendrá, —, tendrán
11. iré, irás, irá, iremos, —

2. De vacaciones

tendremos / estaremos / Será / podré / irás / saldremos / sabré / diré / vendrá / traerá / harás vendré

3. Nadie está de acuerdo

1. Yo compraría un desinfectante.
2. Tú llevarías la receta a la farmacia mañana.
3. Ester vendría antes de un mes.
4. Nosotros saldríamos a las diez.
5. Ellos dirían que no.
6. Uds. tomarían unas pastillas.
7. Ud. iría hoy mismo.
8. Sergio hablaría con el médico.

4. Para completar

2. —, cerraras, cerrara, cerráramos, cerraran
3. volviera, volvieras, —, volviéramos, —
4. pidiera, —, pidiera, pidiéramos, —
5. durmiera, durmieras, durmiera, —, durmieran

6. fuera, fueras, —, fuéramos, —
7. diera, dieras, diera, —, dieran
8. estuviera, estuvieras, —, estuviéramos, estuvieran
9. dijera, —, dijera, dijéramos, —
10. viniera, vinieras, —, —, vinieran
11. quisiera, quisieras, —, quisiéramos, quisieran
12. —, fueras, fuera, fuéramos, —
13. tuviera, —, tuviera, tuviéramos, tuvieran
14. condujera, condujeras, —, condujéramos, —
15. pusiera, —, pusiera, —, pusieran
16. hiciera, hicieras, hiciera, hiciéramos, —
17. supiera, —, supiera, supiéramos, supieran

5. ¿Qué dijeron?

1. que les diera el termómetro
2. que los llevaras al hospital
3. que pudiera ponerme una inyección
4. que supieras hacer eso
5. que Elsa quisiera llevarme al consultorio
6. que nos mejoráramos
7. de que él fuera mi médico
8. que conociera a ese cirujano
9. en que yo viniera a visitarlos
10. para que trajeran el termómetro

6. Si...

1. Yo iré a visitar a mi padre en el hospital si tengo tiempo.
2. José comprará las medicinas hoy si puede.
3. Nosotros pediríamos un turno para hoy si no fuera sábado.
4. Tú te empeorarías si no descansaras.
5. Uds. llevarían al niño al pediatra si tuviera fiebre.
6. Aurora irá al ginecólogo si está embarazada.

7. Crucigrama

HORIZONTAL

4. pediatra
9. turno
11. agua
13. dermatólogo
15. oculista
19. mismo
20. enfermedad
21. antiácido
22. presión

VERTICAL

1. fiebre
2. jarabe
3. mejorarse
5. consultorio
6. embarazada
7. ginecólogo
8. seguro
10. serio
12. termómetro
13. dolor
14. recetar
16. sedante
17. farmacia
18. tos

8. Conversaciones breves

1. f
2. h
3. j
4. b
5. c
6. i
7. e
8. d
9. g
10. a

9. ¿Qué dice aquí?

1. Se llama INAM (Instituto Nacional de Análisis Médicos)
2. Sí, porque el centro médico es para el cuidado de toda la familia.
3. Sí, el centro médico tiene servicio de rayos X.
4. Puede hacerse una prueba de embarazo.
5. Puede ir a ver a un ginecólogo.
6. Pueden hacerle un electrocardiograma.
7. Debe ir a hacerse un chequeo médico.
8. Sí, aceptan todo tipo de seguros.
9. Puede ir de lunes a viernes.
10. Está en la calle Gran Vía, número 100. El teléfono es 800-SALUD.

PARA LEER

10. Un diario

1. Se sintió muy mal toda la noche.
2. Le dolían los oídos y la cabeza.
3. Tomó dos aspirinas para la fiebre.
4. Porque todavía tiene fiebre.
5. Le dijo que tenía una infección en los oídos.
6. No es alérgica a ninguna medicina.
7. Le recetó penicilina para la infección en los oídos y un jarabe para la tos.
8. Eran más de las ocho.
9. Las farmacias cierran a las ocho.
10. Espera sentirse mejor mañana.

PARA ESCRIBIR

11. Una carta formal

Answers will vary.

12. Sobre el mundo hispánico

1. España y Portugal
2. Los Pirineos
3. Una monarquía constitucional
4. El Museo del Prado
5. Barcelona
6. Córdoba, Sevilla y Granada
7. Se ve la influencia árabe.
8. En la Plaza de España.
9. El flamenco es la música típica de Andalucía.

Listening Activities

PRONUNCIACIÓN

3. **Preguntas y respuestas**
   1. Dolor de garganta.
   2. De cuarenta grados.
   3. Es la hermana de Isabel.
   4. Es enfermera.
   5. Tendrá que ir al médico.
   6. Un jarabe para la tos.
   7. Cree que tiene gripe.
   8. Un antibiótico.
   9. Puede empeorarse.
   10. Está en su consultorio.
   11. Odia ir al médico.
   12. La va a llevar al médico.

PUNTOS PARA RECORDAR

4. **Future tense**
   1. Tendrás que obedecer a mamá.
   2. Saldremos a las siete.
   3. ¿Irás con nosotros?
   4. Ella pondrá las vendas en el botiquín.
   5. Mis amigos vendrán a visitarme.
   6. Haremos unas radiografías.
   7. No podrás ir a trabajar.
   8. ¿Qué les dirás a tus padres?
   9. Llamaré al médico inmediatamente.
   10. Ella nos llevará a la fuerza.

5. **Conditional tense**
   1. Nosotros saldríamos con nuestros padres.
   2. Tú dormirías hasta las seis.
   3. Él vendría mañana.
   4. Yo pediría un turno para las once.
   5. Uds. pondrían las curitas en el baño.
   6. Rafael iría al médico hoy mismo.

6. **Imperfect subjunctive**
   1. No creía que fueran en una ambulancia.
   2. Nos dijeron que llamáramos al médico.
   3. Me alegré de que estuvieras mejor.
   4. Te sugerí que fueras al hospital.
   5. Le pidieron que trajera el desinfectante.
   6. Dudaban que yo pudiera ir al cardiólogo hoy.
   7. Esperaban que el oculista los viera mañana.
   8. No había nadie que supiera su dirección.

7. ***If*-clauses**
   1. Llamaría si tuviera tiempo.
   2. Saldríamos si ellos vinieran.
   3. Lo llevaría al médico si estuviera enfermo.
   4. Tomaría aspirina si me doliera la cabeza.
   5. Iríamos al consultorio si tuviéramos tiempo.
   6. Ellos me darían el termómetro si lo necesitara.

DÍGANOS

8. **Más preguntas**
   1. Tomaré aspirina.
   2. Tomaré un jarabe.
   3. Me recetaría un antibiótico.
   4. Tendré que ir a la farmacia.
   5. Compraré curitas y algodón.
   6. Iría a un oculista.
   7. Tomaría un antiácido.
   8. No, no soy alérgico a ninguna medicina.

EJERCICIOS DE COMPRENSIÓN

9. **Tres opciones**
   1. b: Luis tiene dolor de cabeza.
   2. a: Jorge tiene fiebre.
   3. c: Mario está en el consultorio del doctor.
   4. a: La doctora receta un jarabe.
   5. b: La Sra. Díaz está embarazada.
   6. a: Eva tiene que comprar un antibiótico.

10. **¿Lógico o ilógico?**

1.	Lógico	6.	Ilógico
2.	Ilógico	7.	Ilógico
3.	Ilógico	8.	Lógico
4.	Lógico	9.	Lógico
5.	Lógico	10.	Ilógico

11. **Diálogo**
   1. Dice que tendrá que llevar a Carlitos al médico.
   2. Tiene mucha tos y tiene fiebre.
   3. Teme que sea gripe o pulmonía.
   4. El Dr. Ruiz examinará a Carlitos.
   5. No podría llevar a Carlitos al médico.
   6. Dijo que le dolía el oído.
   7. Espera que no sea una infección.
   8. Es alérgico a la penicilina.
   9. Le recetará otra cosa.
   10. Va a pedir turno.

PARA ESCUCHAR Y ESCRIBIR

12. **Oraciones**
   1. Estoy tosiendo mucho y me duele la cabeza.
   2. Quizás podría hablar con el farmacéutico.
   3. Esto puede convertirse en pulmonía.
   4. ¿Tú no podrías darme alguna sugerencia?
   5. Si yo no tuviera que trabajar, iría al médico.

Audio Script

LECCIÓN 1

Listening Activities

PRONUNCIACIÓN

1. Vocales

Palabras:
hay / David / Teresa / habla / mexicano / estadounidense / dirección / calle / número / biblioteca / anaranjado

Frases:
¿Qué hay de nuevo? / Hasta luego / Nos vemos / Más despacio / Lo siento / ¿Cómo se dice?

DIÁLOGOS

2. En la universidad

Diálogo 1

(Narrator) *David, un muchacho estadounidense, habla con Teresa, una chica mexicana.*

DAVID	Hola, Teresa, ¿cómo estás?
TERESA	Más o menos... ¿Qué hay de nuevo?
DAVID	No mucho. Oye, ¿cuál es tu dirección?
TERESA	Calle Olmos, número veintiocho.
DAVID	¿Cuál es tu número de teléfono?
TERESA	Cinco-ocho-cero-nueve-dos-siete-uno.
DAVID	Gracias. Nos vemos esta noche, en la biblioteca.
TERESA	Sí, nos vemos en la biblioteca.
DAVID	Hasta luego, Teresa.
TERESA	Chau

Diálogo 2

(Narrator) *La profesora Rojas habla con los estudiantes en la clase de español.*

PROFESORA	Buenas tardes. ¿Cómo están ustedes?
ESTUDIANTES	Bien, gracias.
JOHN	Profesora, ¿cómo se dice "*orange*" en español?
PROFESORA	Se dice "anaranjado".
JOHN	¿Cómo? Más despacio, por favor.
PROFESORA	Lo siento. A-na-ran-ja-do.
SARA	Perdón, profesora. ¿De dónde es usted?
PROFESORA	Yo soy de Costa Rica. ¿De dónde eres tú?
SARA	Yo soy de California.
PROFESORA	¿Y tú, John? ¿De dónde eres?
JOHN	Yo soy de Nueva York.

Diálogo 3

(Narrator) *Armando y María Inés son dos estudiantes. Ellos conversan en la cafetería.*

MARÍA INÉS	Oye, tu compañero de cuarto es muy guapo... ¿De dónde es?
ARMANDO	¿Roberto? Él es de Texas. Es un muchacho muy simpático.
MARÍA INÉS	Y muy inteligente. ¡Es perfecto!
ARMANDO	Sí, pero tiene novia: una chica muy bonita... ¡y rica!
MARÍA INÉS	¡Qué lástima! Bueno, me voy. Hasta la vista, Armando.
ARMANDO	Adiós, María Inés.

3. Preguntas y respuestas

1. ¿David es mexicano o estadounidense? / *Es estadounidense. /*
2. ¿Cómo se dice "*orange*"? / *Se dice "anaranjado". /*
3. ¿La dirección de Teresa es calle Olmos, número cinco o calle Olmos, número veintiocho? / *Es calle Olmos, número veintiocho. /*
4. ¿La profesora es de Costa Rica o de Nicaragua? / *Es de Costa Rica. /*
5. ¿Sara es de California o de Arizona? / *Es de California. /*
6. ¿Armando y María Inés conversan en la cafetería o en la biblioteca? / *Conversan en la biblioteca. /*

PUNTOS PARA RECORDAR

4. Definite articles I

Modelo libro /
el libro /

1. cuadernos / los cuadernos /
2. mano / la mano /
3. ventanas / las ventanas /
4. escritorio / el escritorio /
5. borrador / el borrador /
6. hombres / los hombres /
7. plumas / las plumas /
8. profesores / los profesores /
9. lápiz / el lápiz /
10. luz / la luz /
11. mapa / el mapa /

12. reloj / el reloj /
13. día / el día /
14. sillas / las sillas /
15. papel / el papel /

5. **Indefinite articles**
Modelo pluma /
una pluma /
1. ventana / una ventana /
2. señor / un señor /
3. escritorios / unos escritorios /
4. lápices / unos lápices /
5. tiza / una tiza /
6. computadoras / unas computadoras /
7. silla / una silla /
8. señoritas / unas señoritas /
9. cuaderno / un cuaderno /
10. mapas / unos mapas /
11. bolígrafo / un bolígrafo /
12. mochilas / unas mochilas /

6. **Subject pronouns and the present indicative of *ser***
Modelo Usted / California /
Usted es de California. /
1. nosotros / Madrid /
Nosotros somos de Madrid. /
2. ellos / Colombia /
Ellos son de Colombia. /
3. tú / México /
Tú eres de México. /
4. Jorge / Chile /
Jorge es de Chile. /
5. yo / Argentina /
Yo soy de Argentina. /
6. Ustedes / Cuba /
Ustedes son de Cuba. /

7. **Agreement of articles and adjectives**
Modelo El hombre es cubano. (mujeres) /
Las mujeres son cubanas. /
1. El lápiz es rojo. (plumas) /
Las plumas son rojas. /
2. La mujer es mexicana. (hombres) /
Los hombres son mexicanos. /
3. El señor es norteamericano. (señorita) /
La señorita es norteamericana. /
4. La silla es blanca. (mesas) /
Las mesas son blancas. /
5. La pluma es negra. (lápices) /
Los lápices son negros. /
6. La mujer es alta. (hombres) /
Los hombres son altos. /

DÍGANOS

8. **Más preguntas**
Modelo —¿Miguel es alto? (sí) /
—Sí, es alto. /
1. ¿Es usted estudiante? (sí) /
Sí, soy estudiante. /
2. ¿Es usted de Chile? (no, de California) /
No, soy de California. /
3. ¿De dónde es el profesor? (de Cuba) /
Es de Cuba. /
4. ¿La profesora es simpática? (sí) /
Sí, es simpática. /
5. ¿El profesor habla inglés? (no, español) /
No, habla español. /
6. ¿Cómo se dice "*desk*" en español? (escritorio) /
Se dice "escritorio". /
7. ¿Los estudiantes son inteligentes? (sí) /
Sí, son inteligentes. /

EJERCICIOS DE COMPRENSIÓN

9. **Tres opciones**
1. a. Lo siento.
b. Permiso.
c. Pase /
The answer is a: ***Lo siento.***
2. a. Eva es mexicana.
b. Eva es norteamericana.
c. Eva es cubana. /
The answer is b: ***Eva es norteamericana.***
3. a. Son profesores.
b. Son doctores.
c. Son alumnos. /
The answer is c: ***Son alumnos.***
4. a. Se dice "pizarra".
b. Se dice "reloj".
c. Se dice "borrador". /
The answer is b: ***Se dice "reloj".***
5. a. Buenas noches, señorita.
b. Buenas tardes, señorita.
c. Buenos días, señorita. /
The answer is c: ***Buenos días, señorita.***

10. **¿Lógico o ilógico?**
1. Soy norteamericano; soy de Guadalajara. /
Ilógico /
2. Ana habla con Eva en la biblioteca. /
Lógico /
3. La doctora Rojas es profesora. /
Lógico /
4. Hay una alumna y diez profesores en la clase. /
Ilógico /
5. El escritorio es blanco. /
Lógico /
6. Cinco y cinco son diez. /
Lógico /
7. Ricky Martin es muy guapo. /
Lógico /
8. El profesor habla con la ventana. /
Ilógico /

11. **Diálogo**

SR. VIGO	Buenos días, señorita.
SRTA. MÉNDEZ	Buenos días, señor Vigo.
SR. VIGO	¿De dónde es usted, señorita Méndez?
SRTA. MÉNDEZ	Yo soy de México. ¿De dónde es usted?

SR. VIGO	Yo soy de Cuba.
SRTA. MÉNDEZ	¿Y la profesora Torres? ¿Ella es cubana?
SR. VIGO	No, ella es norteamericana.
SRTA. MÉNDEZ	Es muy simpática.
SR. VIGO	Sí, y muy inteligente.

Preguntas

1. ¿La Srta. Méndez es de Cuba o de México? /
   Es de México. /
2. ¿El Sr. Vigo es de Cuba o de Chile? /
   Es de Cuba. /
3. ¿La profesora Torres es norteamericana o cubana? /
   Es norteamericana. /
4. ¿La profesora Torres es bonita o simpática? /
   Es muy simpática. /
5. ¿La profesora Torres es inteligente o no? /
   Sí, es inteligente. /

PARA ESCUCHAR Y ESCRIBIR

12. Números

1. diez
2. veintisiete
3. trece
4. seis
5. doce
6. quince
7. treinta y ocho
8. once
9. catorce
10. cero

13. Oraciones

1. ¿Cuál es tu número de teléfono? /
2. Tu compañero de cuarto es muy guapo. /
3. Ellos conversan en la cafetería. /
4. Es un muchacho muy simpático /
5. Ella es una chica alta y delgada. /

LECCIÓN 2
Listening Activities

PRONUNCIACIÓN

1. Palabras unidas

1. Termina_en_agosto. /
2. Este semestre_estudio_historia. /
3. Deseo_una botella de_agua. /
4. Aquí_está_el_libro. /
5. Felipe_y_Ana_hablan_inglés. /
6. Necesitamos_su_horario. /

DIÁLOGOS

2. Estudiante y profesores

Diálogo 1

(Narrator) *Rebeca, una chica puertorriqueña, conversa con su amiga Olga, una muchacha cubanoamericana. Las dos estudian en la Universidad Internacional de Florida, en Miami.*

REBECA	¿Cuántas clases tomas tú este semestre?
OLGA	Tomo cinco clases: inglés, matemáticas, física, psicología y biología. ¿Y tú?
REBECA	Yo tomo historia, literatura, química, ciencias políticas y administración de empresas. No son clases fáciles.
OLGA	No, las dos tomamos clases muy difíciles.
REBECA	¡Sí! ¡Por eso nuestra vida es muy aburrida! ¿A qué hora terminan tus clases?
OLGA	A las tres de la tarde. Después, Alberto y yo estudiamos juntos.
REBECA	¡Ajá! ¡Muy interesante!

Diálogo 2

(Narrator) *Ana Sandoval y José Santos conversan en la cafetería de la universidad. Él es profesor de contabilidad y ella trabaja en la oficina de administración.*

JOSÉ	¿Deseas tomar café?
ANA	No, gracias. Yo no tomo café. Oye, ¿tú enseñas solamente por la mañana?
JOSÉ	No, también enseño los martes y jueves por la noche, y los lunes por la tarde.
ANA	Trabajas mucho...
JOSÉ	¡Necesito dinero! Por eso trabajo horas extras. Gano cincuenta dólares por hora. Oye... ¿Qué hora es?
ANA	Es la una y media. ¿Por qué?
JOSÉ	Porque a las dos hay un programa muy importante en la tele.
ANA	¿El partido de fútbol entre Argentina y Brasil?
JOSÉ	¡Sí! ¡Me voy! Nos vemos.

3. Preguntas y respuestas

1. ¿Rebeca es puertorriqueña o cubana?
   Es puertorriqueña.
2. ¿Rebeca toma psicología o historia?
   Toma historia.
3. ¿Olga toma tres clases o cinco clases?
   Toma cinco clases.

4. ¿Las clases de Olga terminan a las dos o a las tres de la tarde?
   Terminan a las tres de la tarde.
5. ¿Las clases son fáciles o son difíciles?
   Son difíciles.
6. ¿La vida de las chicas es aburrida o no es aburrida?
   Es aburrida.
7. ¿Ana trabaja o no trabaja?
   Trabaja.
8. ¿José es profesor o es estudiante?
   Es profesor.
9. ¿Ana toma café o no toma café?
   No toma café.
10. ¿José necesita dinero o no necesita dinero?
    Necesita dinero.
11. ¿José gana treinta dólares por hora o gana cincuenta dólares?
    Gana cincuenta dólares.
12. ¿El programa de televisión es a las dos o a las cuatro? *Es a las dos.*

PUNTOS PARA RECORDAR

4. Present indicative of *-ar* verbs

Modelo —¿Usted habla inglés o español? /
—*Hablo inglés.* /

1. ¿Diego trabaja en la biblioteca o en la cafetería? /
   Trabaja en la biblioteca. /
2. ¿Ustedes estudian español o física? /
   Estudiamos español. /
3. ¿Los profesores conversan en la cafetería o en la clase? /
   Conversan en la cafetería. /
4. ¿Usted necesita un lápiz o una pluma? /
   Necesito un lápiz. /
5. ¿La clase termina a las diez o a las once? /
   Termina a las diez. /
6. ¿Ustedes toman leche o café? /
   Tomamos leche. /
7. ¿Usted desea tomar biología o física? /
   Deseo tomar biología. /
8. ¿La profesora habla español o inglés? /
   Habla español. /

5. Interrogative sentences

Modelo —¿Dónde trabajas? (en la cafetería) /
—*Trabajo en la cafetería.* /

1. ¿Qué estudian ustedes? (español) /
   Estudiamos español. /
2. ¿Dónde estudian ustedes? (en la biblioteca) /
   Estudiamos en la biblioteca. /
3. ¿Quién habla español? (la profesora) /
   La profesora habla español. /
4. ¿Cuándo estudian ustedes? (por la mañana) /
   Estudiamos por la mañana. /
5. ¿Cuántos libros necesita usted? (cuatro) /
   Necesito cuatro libros. /

6. Negative sentences

Modelo —¿Elsa trabaja por la mañana? /
—*No, no trabaja por la mañana.* /

1. ¿Tú trabajas en el verano? /
   No, no trabajo en el verano. /
2. ¿Ellos hablan español? /
   No, no hablan español. /
3. ¿Son de Arizona ellos? /
   No, no son de Arizona. /
4. ¿Necesitan ustedes el cesto de papeles? /
   No, no necesitamos el cesto de papeles. /
5. ¿Tú tomas café? /
   No, no tomo café. /
6. ¿Toma usted fisica este semestre? /
   No, no tomo física este semestre. /

7. Possessive adjectives

Modelo —¿De dónde es tu profesora? (Puerto Rico) /
—*Mi profesora es de Puerto Rico.* /

1. ¿Dónde trabaja tu profesor? (Miami) /
   Mi profesor trabaja en Miami. /
2. ¿De dónde es la profesora de ustedes (Cuba) /
   Nuestra profesora es de Cuba. /
3. ¿Tu profesor necesita su libro? (sí) /
   Sí, mi profesor necesita su libro. /
4. ¿Tú necesitas tus libros? (sí) /
   Sí, necesito mis libros. /
5. ¿Los profesores de ustedes hablan español? (no) /
   No, nuestros profesores no hablan español. /
6. ¿Qué días son tus clases? (miércoles) /
   Mis clases son los miércoles. /

8. Definite articles II

Modelo universidad /
la universidad /

1. lecciones / las lecciones /
2. programa / el programa /
3. borradores / los borradores /
4. libertad / la libertad /
5. televisión / la televisión /
6. clases / las clases /
7. problemas / los problemas /
8. café / el café /
9. idioma / el idioma /
10. noches / las noches /

9. Numbers

Modelo Veterans Day /
el once de noviembre /

1. New Year's Day / el primero de enero /
2. Valentine's Day / el catorce de febrero /
3. the first day of spring / el veintiuno de marzo /
4. the first day of summer / el veintiuno de junio /
5. Independence Day / el cuatro de julio /
6. the last day of August / el treinta y uno de agosto /
7. the first day of autumn / el veintiuno de septiembre /

8. Columbus Day / el doce de octubre /
9. Halloween / el treinta y uno de octubre /
10. Christmas / el veinticinco de diciembre /

10. Days of the week

Modelo —¿Hoy es lunes? /
—No, hoy es domingo. /

1. ¿Hoy es miércoles? / No, hoy es martes. /
2. ¿Hoy es domingo? / No, hoy es sábado. /
3. ¿Hoy es viernes? / No, hoy es jueves. /
4. ¿Hoy es martes? / No, hoy es lunes. /
5. ¿Hoy es sábado? / No, hoy es viernes. /
6. ¿Hoy es jueves? / No, hoy es miércoles. /

11. Months and seasons

Modelo diciembre /
el invierno /

1. octubre / el otoño /
2. abril / la primavera /
3. febrero / el invierno /
4. agosto / el verano /
5. mayo / la primavera /
6. noviembre / el otoño /
7. enero / el invierno /
8. junio / el verano /
9. marzo / la primavera /
10. septiembre / el otoño /
11. julio / el verano /

DÍGANOS

12. Más preguntas

Modelo —¿Estudia usted por la mañana? (por la tarde) /
—No, estudio por la tarde. /

1. ¿Cuántas clases toma usted este semestre? (dos) /
Tomo dos clases este semestre. /
2. ¿Qué asignaturas toma usted? (historia y español) /
Tomo historia y español. /
3. ¿A qué hora es la clase de español? (a las nueve) /
La clase de español es a las nueve. /
4. ¿Usted estudia biología? (no) /
No, no estudio biología. /
5. ¿Dónde trabaja usted? (en la biblioteca) /
Trabajo en la biblioteca. /
6. ¿Cuántas horas al día trabaja usted? (cuatro) /
Trabajo cuatro horas al día. /
7. ¿Ustedes estudian en el verano? (no) /
No, no estudiamos en el verano. /
8. Por la mañana, ¿Usted toma leche o café? (café) /
Por la mañana tomo café. /

EJERCICIOS DE COMPRENSIÓN

13. Tres opciones

1. **a.** Dora toma matemáticas este semestre.
b. Dora toma literatura este semestre.
c. Dora toma inglés este semestre. /
The answer is a: ***Dora toma matemáticas este semestre.***
2. **a.** Sofía estudia en la clase.
b. Sofía estudia en la biblioteca.
c. Sofía estudia en la cafetería. /
The answer is b: ***Sofía estudia en la biblioteca.***
3. **a.** Oscar toma química.
b. Oscar toma literatura.
c. Oscar toma biología. /
The answer is b: ***Oscar toma literatura.***
4. **a.** Fernando desea un vaso de leche.
b. Fernando desea un vaso de té.
c. Fernando desea una taza de café. /
The answer is c: ***Fernando desea una taza de café.***
5. **a.** Es la una y media.
b. Son las dos menos cuarto.
c. Es la una. /
The answer is a: ***Es la una y media.***

14. ¿Lógico o ilógico?

1. Elsa trabaja en el verano. Trabaja en julio y agosto. /
Lógico /
2. Ana estudia a Picasso en la clase de química. /
Ilógico /
3. Nosotros estudiamos en la biblioteca. /
Lógico /
4. Yo trabajo treinta horas al día. /
Ilógico /
5. La clase de historia es por la mañana. Es a las tres. /
Ilógico /
6. Roberto desea un jugo de naranja. /
Lógico /
7. Los estudiantes conversan en la cafetería. /
Lógico /
8. Deseo una taza de café. /
Lógico /
9. Hoy es lunes. Mañana es jueves. /
Ilógico
10. Estudiamos a Washington en la clase de música. /
Ilógico /

15. Diálogo

PABLO	¿Qué deseas tomar, Alicia? ¿Una taza de café?
ALICIA	No, un jugo de naranja, por favor.
PABLO	Oye, ¿tú trabajas hoy?
ALICIA	No, yo no trabajo los viernes.
PABLO	¿Tú tomas una clase de química este semestre?
ALICIA	Sí, con la Dra. Molina. ¡Y es muy difícil!
PABLO	Yo tomo literatura. Es muy fácil.
ALICIA	Oye, Pablo, ¿qué hora es?
PABLO	Son las diez y media.
ALICIA	Caramba. Me voy.
PABLO	Hasta luego.

Preguntas

1. ¿Alicia desea tomar café o jugo de naranja? / *Desea tomar jugo de naranja. /*
2. ¿Alicia trabaja o no trabaja los viernes? / *No trabaja los viernes. /*
3. ¿Alicia toma química con el Dr. Parra o con la Dra. Molina? / *Toma química con la Dra. Molina. /*
4. Para Alicia, ¿la química es fácil o difícil? / *Es difícil. /*
5. ¿Pablo toma historia o literatura? / *Toma literatura. /*
6. ¿Son las diez y media o las once y media? / *Son las diez y media. /*

PARA ESCUCHAR Y ESCRIBIR

16. Números

1. 89 / 5. 215 / 9. 50 /
2. 122 / 6. 137 / 10. 100 /
3. 56 / 7. 72 / 11. 117 /
4. 45 / 8. 200 / 12. 198 /

17. Oraciones

1. Las dos tomamos clases muy difíciles.
2. José es profesor de contabilidad.
3. También enseño los lunes por la tarde.
4. Por eso trabajo horas extra.
5. Gano cincuenta dólares por hora.

LECCIÓN 3

Listening Activities

PRONUNCIACIÓN

1. Las consonantes *b* y *v*

Palabras:

Benito / Viviana / mueble / lavar / favorito / basura / Benavente / barre /

Frases:

1. La nueva biblioteca es buena. /
2. Víctor y Beatriz beben una botella de vino blanco. /
3. Roberto Vera vive bien en Nevada. /
4. Los jueves y los viernes, Beto y yo navegamos la red. /
5. Verónica Barrios viene el sábado veintinueve. /

DIÁLOGOS

2. Los trabajos de la casa

Diálogo 1

(Narrator) *Hoy es un día muy ocupado para Susana, Alicia y Héctor, tres hermanos que viven con sus padres en la Ciudad de México.*

ALICIA Esta noche vienen papá y mamá de Guadalajara y esta casa es un desastre.

SUSANA Sí, especialmente el cuarto de Héctor. ¡Héctor! Tienes que limpiar tu recámara.

ALICIA Y también tienes que sacar la basura y cortar el zacate.

HÉCTOR Ustedes dos son muy mandonas. Yo siempre tengo que hacer todo el trabajo en esta casa.

SUSANA ¡Ja! Tu ocupación favorita es comer, porque siempre tienes hambre.

ALICIA Yo creo que lo mejor es dividir el trabajo: yo limpio la cocina y los baños, Susana sacude los muebles de la sala y Héctor barre el garaje.

HÉCTOR ¡Yo hago todo eso! No tengo tiempo porque Carlos viene para estudiar conmigo.

SUSANA Tú siempre tienes excusas para no trabajar.

Diálogo 2

(Narrator) *Esa tarde.*

ALICIA Todavía tenemos que lavar y planchar la ropa y lavar los platos.

SUSANA ¡Hay mil cosas que hacer!

HÉCTOR ¿Por qué no descansamos un rato y bebemos una limonada? Yo tengo mucha sed.

ALICIA Tienes razón. Hay limonada en el refrigerador.

SUSANA Bueno... descansamos un momento, pero después debemos pasar la aspiradora y preparar la comida.

HÉCTOR Yo hago la ensalada y ustedes preparan las enchiladas.

ALICIA ¿Y quién pone la mesa?

SUSANA Yo. Oye, Héctor. Tocan a la puerta.

HÉCTOR Debe ser Carlos.

(Narrator) *Esa noche, cuando llegan los padres, todos cenan y conversan en el comedor, y después la mamá y las chicas miran su telenovela favorita.*

3. Preguntas y respuestas

1. ¿Susana es la amiga o la hermana de Héctor? / *Es la hermana de Héctor. /*
2. ¿Susana y su familia viven en Guadalajara o en la Ciudad de México? / *Viven en la Ciudad de México. /*

3. ¿Héctor tiene que limpiar su recámara o la recámara de Alicia? /
   Tiene que limpiar su recámara. /
4. ¿Héctor siempre tiene sed o siempre tiene hambre? /
   Siempre tiene hambre. /
5. ¿Héctor tiene que barrer el garaje o la sala? /
   Tiene que barrer el garaje. /
6. ¿Carlos viene para estudiar con Alicia o con Héctor? /
   Viene para estudiar con Héctor. /
7. ¿Los chicos descansan un rato o trabajan un rato? /
   Descansan un rato. /
8. ¿Beben limonada o jugo de naranja? /
   Beben limonada. /
9. ¿Héctor prepara las enchiladas o la ensalada? /
   Prepara la ensalada. /
10. ¿Héctor abre la puerta o Alicia abre la puerta? /
    Héctor abre la puerta. /
11. Esa noche, ¿todos conversan en la cocina o en el comedor? /
    Conversan en el comedor. /
12. La mamá y las chicas, ¿miran una telenovela o lavan la ropa? /
    Miran una telenovela. /

PUNTOS PARA RECORDAR

4. Present indicative of *-er* and *-ir* verbs

Modelo —¿Qué bebes tú? (café) /
—Bebo café. /

1. ¿Dónde comen ustedes? (en nuestra casa) /
   Comemos en nuestra casa. /
2. ¿Dónde vives tú? (en la calle Figueroa) /
   Vivo en la calle Figueroa. /
3. ¿Qué debes barrer? (la cocina) /
   Debo barrer la cocina. /
4. ¿Qué sacuden ustedes? (los muebles) /
   Sacudimos los muebles. /
5. ¿Cuándo corres tú? (por la mañana) /
   Corro por la mañana. /
6. ¿Qué bebe Luisito? (limonada) /
   Bebe limonada. /

5. Possession with *de*

Modelo la plancha / Elena /
Es la plancha de Elena. /

1. la ropa / Jorge /
   Es la ropa de Jorge. /
2. la casa / Olga /
   Es la casa de Olga. /
3. los muebles / Carlos /
   Son los muebles de Carlos. /
4. la licuadora / Mario /
   Es la licuadora de Mario. /
5. la cafetera / Rita /
   Es la cafetera de Rita. /

6. Present indicative of *tener* and *venir*

Modelo Ella viene a las ocho. (Uds.) /
Uds. vienen a las ocho. /

1. María no tiene los platos. (yo) /
   Yo no tengo los platos. /
2. Olga viene de la biblioteca. (nosotros) /
   Nosotros venimos de la biblioteca. /
3. Carlos viene con sus padres. (tú) /
   Tú vienes con tus padres. /
4. Ellos tienen la ropa. (nosotros) /
   Nosotros tenemos la ropa. /
5. Mis padres vienen hoy. (yo) /
   Yo vengo hoy. /
6. Uds. tienen la cafetera. (tú) /
   Tú tienes la cafetera. /

7. Expressions with *tener* I

Modelo Rosa / abrir la puerta /
Rosa tiene que abrir la puerta. /

1. Carlos y yo / limpiar la casa /
   Carlos y yo tenemos que limpiar la casa. /
2. tú / barrer la cocina /
   Tú tienes que barrer la cocina. /
3. Ana y Luis / sacudir los muebles /
   Ana y Luis tienen que sacudir los muebles. /
4. nosotros / sacar la basura /
   Nosotros tenemos que sacar la basura. /
5. José / cortar el césped /
   José tiene que cortar el césped. /

8. Expressions with *tener* II

Modelo I am in Alaska in January. /
Yo tengo mucho frío. /

1. My friend and I haven't eaten for twenty hours. /
   Tenemos mucha hambre. /
2. My son needs to get to the game right away. /
   Mi hijo tiene mucha prisa. /
3. Your throat is very dry. /
   Tú tienes mucha sed. /
4. Carlos hasn't slept for thirty hours. /
   Carlos tiene mucho sueño. /
5. The girls are going through a dark alley and they hear footsteps. /
   Las chicas tienen mucho miedo. /
6. Marta is in the Arizona desert in August. /
   Marta tiene mucho calor. /

9. Demonstrative adjectives

Modelo este hombre (mujer) /
esta mujer /

1. estos vasos (copas) /
   estas copas /
2. aquel señor (señora) /
   aquella señora /
3. ese plato (bolígrafos) /
   esos bolígrafos /
4. esas licuadoras (cafetera) /
   esa cafetera /
5. aquellas lavadoras (muebles) /
   aquellos muebles /

DÍGANOS

10. Más preguntas

Modelo —¿Usted vive en Miami? (no) /
—No, no vivo en Miami. /

1. ¿Usted tiene hermanos? (sí, dos) /
Sí, tengo dos hermanos. /
2. ¿Usted tiene que limpiar la casa? (sí, mañana) /
Sí, tengo que limpiar la casa mañana. /
3. ¿Usted lava la ropa los sábados? (no) /
No, no lavo la ropa los sábados. /
4. ¿Usted viene de la casa de una amiga? (no) /
No, no vengo de la casa de una amiga. /
5. ¿Usted bebe limonada? (no, jugo de naranja) /
No, bebo jugo de naranja. /
6. ¿Qué come usted por la noche? (ensalada) /
Como ensalada. /
7. ¿Corre usted por la mañana? (no, por la noche) /
No, corro por la noche. /
8. ¿Tiene usted hambre? (no, sed) /
No, tengo sed. /
9. ¿Qué tiene que planchar usted? (la ropa de mi hermano) /
Tengo que planchar la ropa de mi hermano. /

EJERCICIOS DE COMPRENSIÓN

11. Tres opciones

1. a. Eva plancha la ropa.
b. Eva corre a abrir la puerta.
c. Eva abre la ventana. /
The answer is b: ***Eva corre a abrir la puerta.***
2. a. Raúl corta el césped.
b. Raúl pasa la aspiradora.
c. Raúl lava los platos. /
The answer is a: ***Raúl corta el césped.***
3. a. Rosa sacude los muebles.
b. Rosa pone la mesa.
c. Rosa barre la cocina. /
The answer is c: ***Rosa barre la cocina.***
4. a. Los padres de Ana vienen el sábado.
b. Los padres de Ana trabajan el domingo.
c. Los padres de Ana estudian los viernes. /
The answer is a: ***Los padres de Ana vienen el sábado.***
5. a. Beto lava la ropa.
b. Beto limpia el baño.
c. Beto saca la basura. /
The answer is c: ***Beto saca la basura.***

12. ¿Lógico o ilógico?

1. Hoy descansan mucho. Es un día muy ocupado. /
Ilógico /
2. Tengo que cortar el césped. /
Lógico /
3. Come mucho porque siempre tiene hambre. /
Lógico /
4. Dividen el trabajo: ella limpia el baño y él limpia la cocina. /
Lógico /
5. Amalia barre los muebles. /
Ilógico /
6. Jorge plancha la ropa. /
Lógico /
7. Bebe limonada porque tiene mucha sed. /
Lógico /
8. Hay muebles en el refrigerador. /
Ilógico /
9. Cenan y conversan en el baño. /
Ilógico /
10. Las chicas miran su telenovela favorita. /
Lógico /

13. Diálogo

DIANA ¿Tienes hambre, Víctor?
VÍCTOR Sí, ¿qué hay en el refrigerador?
DIANA Una ensalada.
VÍCTOR ¡Ay, Diana! ¡Ensalada los sábados! ¡Ensalada los domingos! ¡Ensalada los lunes!
DIANA Bueno... hay un sándwich...
VÍCTOR Gracias. Oye... necesito planchar mi ropa.
DIANA Primero tienes que cortar el césped y pasar la aspiradora.
VÍCTOR No... tengo mucho calor...
DIANA ¿Deseas beber limonada o agua?
VÍCTOR No, un vaso de cerveza.

Preguntas

1. ¿Víctor tiene hambre o tiene miedo? /
Tiene hambre. /
2. En el refrigerador, ¿hay enchiladas o hay una ensalada? /
Hay una ensalada. /
3. ¿Víctor desea comer ensalada o un sándwich? /
Desea comer un sándwich. /
4. ¿Víctor necesita planchar su ropa o la ropa de Diana? /
Necesita planchar su ropa. /
5. ¿Víctor tiene que cortar el césped o lavar los platos? /
Tiene que cortar el césped. /
6. ¿Tiene que barrer la cocina o pasar la aspiradora? /
Tiene que pasar la aspiradora. /
7. ¿Víctor tiene frío o tiene calor? /
Tiene calor. /
8. ¿Víctor desea beber limonada o cerveza? /
Desea beber cerveza. /

PARA ESCUCHAR Y ESCRIBIR

14. Números

1.	589 /	**5.**	215 /	**9.**	650 /
2.	322 /	**6.**	937 /	**10.**	4112 /
3.	1000 /	**7.**	438 /	**11.**	7960 /
4.	796 /	**8.**	143 /	**12.**	13870 /

15. **Oraciones**
    1. Tienes que limpiar tu recámara. /
    2. Tu ocupación favorita es comer. /
    3. Tú siempre tienes excusas para no trabajar. /
    4. Yo creo que lo mejor es dividir el trabajo. /
    5. Hay limonada en el refrigerador. /

LECCIÓN 4

Listening Activities

PRONUNCIACIÓN

1. **La consonante *c***

Palabras:

club / café / capital / Carlos / cansado / cuñado / Cecilia / conocer / Celia / cocina / información /

Frases:

1. Clara conversa con Claudia. /
2. La camarera come en el café. /
3. César va al cine y al club. /
4. Graciela come a las cinco. /
5. Celia conduce con Carmen. /

DIÁLOGOS

2. **Una fiesta de cumpleaños**

Diálogo 1

(Narrator) *Silvia y Esteban deciden dar una fiesta para celebrar el cumpleaños de Mónica, una chica guatemalteca que ahora vive en San Salvador con la familia de Silvia.*

ESTEBAN ¿A quiénes vamos a invitar?
SILVIA A todos nuestros amigos, a mis primos, al novio de Mónica y a Yolanda.
ESTEBAN Yo no conozco a Yolanda. ¿Quién es?
SILVIA Es la hermana del novio de Mónica.
ESTEBAN ¿Ah, sí? ¿Es bonita? ¿Es rubia, morena o pelirroja? No es casada, ¿verdad?
SILVIA Es morena, de ojos castaños, delgada, de estatura mediana... encantadora... y es soltera.
ESTEBAN Bueno, si baila bien, ya estoy enamorado.
SILVIA Oye, tenemos que planear la fiesta. ¿Dónde va a ser?
ESTEBAN Va a ser en la casa de mis abuelos. Ellos están en Costa Rica con mi madrina y yo tengo la llave de la casa.
SILVIA ¡Perfecto! Yo traigo la torta de cumpleaños.
ESTEBAN Yo traigo las bebidas, los discos compactos y el lector MP3. Yo sé que mis abuelos no tienen música para bailar. Oye... Yolanda no tiene novio, ¿verdad? ¡Ojalá que no!
SILVIA No sé... Creo que no.

Diálogo 2

(Narrator) *Cuando Mónica, su novio y Yolanda llegan a la casa, todos gritan: ¡Feliz cumpleaños!*

MÓNICA *(Contenta)* ¡Qué sorpresa!
SILVIA ¿Qué deseas tomar? ¿Champán, cerveza...? ¿O deseas comer algo?
MÓNICA Una copa de champán para brindar con todos mis amigos.
SILVIA *(Levanta su copa)* ¡Un brindis! ¡Por Mónica! ¡Salud!
TODOS ¡Salud!
ESTEBAN *(A Yolanda)* Hola, soy Esteban Campos. Tú eres Yolanda, ¿verdad?
YOLANDA Sí, mucho gusto.
ESTEBAN ¿Bailamos? ¿Te gusta bailar salsa?
YOLANDA Sí, me gusta, aunque no sé bailar muy bien.

(Narrator) *Esteban y Yolanda bailan y conversan. Todos los invitados lo pasan muy bien.*

SILVIA *(A Mónica)* Veo que Yolanda y Esteban están muy animados.
MÓNICA Sí, hacen una buena pareja. Oye, Silvia, la fiesta es todo un éxito. ¡Muchas gracias!

(Narrator) *Después de la fiesta, Esteban lleva a Yolanda a su casa. Ella está cansada, pero muy contenta. Esteban... ¡está en la gloria!*

3. **Preguntas y respuestas**
    1. ¿Mónica es guatemalteca o es de El Salvador? /
    Es guatemalteca. /
    2. ¿La fiesta es para celebrar el cumpleaños de Mónica o el de Silvia? /
    Es para celebrar el cumpleaños de Mónica. /
    3. ¿Silvia es la madrina o la amiga de Esteban? /
    Es la amiga de Esteban. /
    4. ¿Mónica no tiene novio o tiene novio? /
    Tiene novio. /

5. ¿Yolanda es la hermana de Mónica o la hermana del novio de Mónica? /
   Es la hermana del novio de Mónica. /
6. ¿Yolanda es casada o es soltera? /
   Es soltera. /
7. ¿La fiesta va a ser en la casa de los abuelos de Esteban o en la casa de Esteban? /
   Va a ser en la casa de los abuelos de Esteban. /
8. ¿Silvia trae la torta de cumpleaños o las bebidas? /
   Trae la torta de cumpleaños. /
9. ¿Mónica desea tomar cerveza o champán? /
   Desea tomar champán. /
10. ¿Yolanda baila muy bien o no sabe bailar muy bien? /
    No sabe bailar muy bien. /
11. ¿Los invitados lo pasan muy bien o lo pasan muy mal? /
    Lo pasan muy bien. /
12. Yolanda va a su casa con Esteban o con el novio de Mónica? /
    Va a su casa con Esteban. /

PUNTOS PARA RECORDAR

4. Verbs with irregular first-person forms

Modelo —¿A qué hora sales de tu casa? (a las siete) /
—Salgo de mi casa a las siete. /

1. ¿Tú haces la ensalada? (sí) /
   Sí, yo hago la ensalada. /
2. ¿Tú conoces Guatemala? (no) /
   No, no conozco Guatemala. /
3. ¿A quién ves los domingos? (a mi hermana) /
   Veo a mi hermana. /
4. ¿Sabes bailar? (sí, muy bien) /
   Sí, sé bailar muy bien. /
5. ¿Qué traes para comer? (un sándwich) /
   Traigo un sándwich. /
6. ¿Tú conduces un Ford o un Toyota? (un Ford) /
   Conduzco un Ford. /
7. ¿Dónde pones la limonada? (en el vaso) /
   Pongo la limonada en el vaso. /

5. *Saber* vs. *conocer*

Modelo yo / al novio de Alina /
Yo conozco al novio de Alina. /

1. nosotros / dónde vive ella /
   Nosotros sabemos dónde vive ella. /
2. yo / dónde está la biblioteca /
   Yo sé dónde está la biblioteca. /
3. tú / al esposo de la profesora /
   Tú conoces al esposo de la profesora. /
4. Carmen / bailar /
   Carmen sabe bailar. /
5. ellos / Puerto Rico /
   Ellos conocen Puerto Rico. /
6. mi hermana / hablar inglés /
   Mi hermana sabe hablar inglés. /

6. Personal *a*

Modelo —¿Llamas a Rosa? (Marta) /
—No, llamo a Marta. /

1. ¿Llevas a tu hermano? (padres) /
   No, llevo a mis padres. /
2. ¿Llamas un taxi? (mi esposo) /
   No, llamo a mi esposo. /
3. ¿Deseas un jugo? (café) /
   No, deseo café. /
4. ¿Conoces a Carlos? (su hermana) /
   No, conozco a su hermana. /
5. ¿Traes la torta? (las bebidas) /
   No, traigo las bebidas. /

7. Contractions: *al* and *del*

Modelo —¿De quién es el libro? (el profesor) /
—Es del profesor. /

1. ¿De dónde vienen Uds.? (el club) /
   Venimos del club. /
2. ¿A quién conocen ellos? (Sr. Vargas) /
   Conocen al Sr. Vargas. /
3. ¿De dónde viene Patricia? (la biblioteca) /
   Viene de la biblioteca. /
4. ¿A quién llamas tú? (Srta. García) /
   Llamo a la Srta. García. /
5. ¿De quién es el escritorio? (Sr. Vega) /
   Es del Sr. Vega. /
6. ¿A quién llevas a la fiesta? (el hermano de Eva) /
   Llevo al hermano de Eva. /

8. Present indicative of *ir*, *dar*, and *estar*

Modelo Jorge / al cine /
Jorge va al cine. /

1. Teresa / cansada /
   Teresa está cansada. /
2. nosotros / en la universidad /
   Nosotros estamos en la universidad. /
3. mis tíos / una fiesta /
   Mis tíos dan una fiesta. /
4. mi padre / al club /
   Mi padre va al club. /
5. los estudiantes / en la biblioteca /
   Los estudiantes están en la biblioteca. /
6. yo / muchas fiestas /
   Yo doy muchas fiestas. /
7. mis padres / a México /
   Mis padres van a México. /
8. yo / a Guatemala /
   Yo voy a Guatemala. /
9. nosotros / nuestro número de teléfono /
   Nosotros damos nuestro número de teléfono. /
10. yo / en la clase de español /
    Yo estoy en la clase de español. /

9. *Ir a* + infinitive

Modelo —¿Con quién vas a bailar? (Daniel) /
—Voy a bailar con Daniel. /

1. ¿A quién van a llevar Uds.? (Silvia) /
   Vamos a llevar a Silvia. /
2. ¿Cuándo vas a dar la fiesta? (el sábado) /
   Voy a dar la fiesta el sábado. /

3. ¿Dónde van a estar Uds. mañana? (en el club) /
   Vamos a estar en el club. /
4. ¿A quién vas a llevar a la fiesta? (María) /
   Voy a llevar a María. /
5. ¿Qué vas a comer? (torta) /
   Voy a comer torta. /
6. ¿Qué van a tomar ellos? (vino) /
   Van a tomar vino. /

DÍGANOS

10. Más preguntas

Modelo —¿Vas a dar una fiesta el sábado? (no, el domingo) /
—*No, voy a dar una fiesta el domingo.* /

1. ¿Tu mejor amigo es casado? (no, soltero) /
   No, es soltero. /
2. ¿Tu hermana es rubia? (no, pelirroja) /
   No, es pelirroja. /
3. ¿Tu padre es de estatura mediana? (no, alto) /
   No, es alto. /
4. ¿Tú tienes ojos castaños, azules o verdes? (castaños) /
   Tengo ojos castaños. /
5. ¿Tú celebras tu cumpleaños con una cena o con una fiesta? (fiesta) /
   Celebro mi cumpleaños con una fiesta. /
6. ¿Deseas beber cerveza? (no, champán) /
   No, deseo beber champán. /
7. En una fiesta, ¿tú bailas o conversas? (bailo) /
   En una fiesta, bailo. /
8. ¿Tú sabes bailar salsa? (sí) /
   Sí, sé bailar salsa. /

EJERCICIOS DE COMPRENSIÓN

11. Tres opciones

1. **a.** Ana llama a Pablo.
   b. Ana ve a Pablo.
   c. Ana trae a Pablo. /
   The answer is a: ***Ana llama a Pablo.***
2. **a.** Ricardo planea ir a estudiar.
   b. Ricardo planea ir a bailar.
   c. Ricardo planea ir a comer. /
   The answer is b: ***Ricardo planea ir a bailar.***
3. **a.** Eva es la hermana de Luis.
   b. Eva es la novia de Luis.
   c. Eva es la suegra de Luis. /
   The answer is b: ***Eva es la novia de Luis.***
4. **a.** Eduardo va a gritar.
   b. Eduardo va a comer algo.
   c. Eduardo va a beber algo. /
   The answer is c: ***Eduardo va a beber algo.***
5. **a.** Elsa va a ir a la biblioteca.
   b. Elsa va a ir a una fiesta.
   c. Elsa va a ir a la clase. /
   The answer is b: ***Elsa va a ir a una fiesta.***
6. **a.** Rita es la mamá del Sr. Vega.
   b. Rita es la abuela del Sr. Vega.
   c. Rita es la hija del Sr. Vega. /
   The answer is c: ***Rita es la hija del Sr. Vega.***

12. ¿Lógico o ilógico?

1. Yo voy a bailar en la fiesta. /
   Lógico /
2. Olga es soltera. Su esposo se llama Juan. /
   Ilógico /
3. Tengo hambre. Voy a beber algo. /
   Ilógico /
4. Vamos a brindar con champán. /
   Lógico /
5. Baila muy bien. No sabe bailar. /
   Ilógico /
6. Mi mamá es la hija de mi abuela. /
   Lógico /
7. El tío de mi papá es mi abuelo. /
   Ilógico /
8. Hoy damos una fiesta. Tenemos muchos invitados. /
   Lógico /
9. El hijo de mi hermana es mi sobrino. /
   Lógico /
10. Todos los invitados lo pasan muy mal. La fiesta es un éxito. /
    Ilógico /

13. Diálogo

MARY Jorge, ¿vas a visitar a tu madrina hoy?
JORGE No, el domingo. Hoy estoy muy ocupado.
MARY ¿Qué tienes que hacer?
JORGE Tengo que trabajar. Oye, Mary, ¿deseas ir al club mañana?
MARY No, porque Estela da una fiesta y yo estoy invitada.
JORGE ¿Y por qué no estoy invitado yo?
MARY No sé. Ah, ¿por qué no vamos a bailar esta noche?
JORGE Perfecto. A las siete estoy en tu casa.

Preguntas

1. ¿Jorge va a visitar a su madrina hoy o el domingo? /
   Va el domingo. /
2. ¿Jorge está ocupado o está cansado? /
   Está ocupado. /
3. ¿Hoy Jorge tiene que estudiar o tiene que trabajar? /
   Tiene que trabajar. /
4. ¿Mary está invitada a cenar o a una fiesta? /
   Está invitada a una fiesta. /
5. ¿Jorge está invitado o no está invitado? /
   No está invitado. /
6. ¿Mary desea ir a bailar o a cenar? /
   Desea ir a bailar. /

7. ¿Jorge va a estar en casa de Mary a las siete o a las ocho? /
   Va a estar en casa de Mary a las siete. /

PARA ESCUCHAR Y ESCRIBIR

14. Oraciones

1. Deciden celebrar el cumpleaños de Mónica. /
2. ¿A quiénes vamos a invitar? /
3. ¿Es rubia, morena o pelirroja? /
4. Hacen una buena pareja. /
5. La fiesta es todo un éxito. /

LECCIÓN 5
Listening Activities

PRONUNCIACIÓN

1. Las consonantes *g, j, h*

Palabras:

grupo / llegar / seguro / grande / geografía / general / ojo / bajo / joven / mejor / juego / ahora / hermoso / hermana / hambre /

Frases:

1. Hernando Hurtado habla ahora.
2. Julia Jiménez juega el jueves.
3. Gerardo Ginés estudia geología.
4. Gustavo Godoy le gana a su amigo.
5. Gloria Greco agrega globos grandes.

DIÁLOGOS

2. ¿Qué vas a pedir?

Diálogo 1

(Narrator) *Sergio Villarreal, su esposa Marisa y sus dos hijos, Amanda y Carlitos, de Panamá, están de vacaciones en San José, la capital de Costa Rica. Están en uno de los mejores hoteles de la ciudad. El hotel tiene servicio de habitación. Ahora están leyendo el menú.*

MARISA (*Lee*) Pollo a la parrilla con ensalada y una papa al horno… langosta… pescado… sopa de verduras… camarones... Yo quiero pescado.

SERGIO (*Lee también*) Bistec con puré de papas… arroz con albóndigas… chuletas de cerdo con papas fritas…

MARISA ¡Ay, Sergio! ¡Eso no es lo que debes comer, con tu colesterol alto! Debes seguir tu dieta especial.

SERGIO Hoy no pienso seguir dietas. Mañana empiezo otra vez. ¡Niños! ¿Quieren postre? Hay flan, torta de chocolate, pastel, helado, arroz con leche… Bueno, voy a llamar al servicio de habitación.

MARISA ¿Qué vas a pedir?

SERGIO ¡Es un secreto!

Diálogo 2

(Narrator) *Al día siguiente, la familia Villarreal está en un restaurante, donde van a desayunar. Este restaurante no es tan bueno como otros, pero sirve comida muy sabrosa. Ahora están hablando con el camarero.*

MARISA Tráigame huevos revueltos con jamón y pan tostado. Para beber, jugo de naranja y café con leche.

CAMARERO Sí, señora. ¿Y para usted, señor?

SERGIO Chorizo, huevos fritos y pan con mantequilla y mermelada.

MARISA ¡¿Después de la cena de anoche?! ¡Debes pedir fruta y una taza de té!

SERGIO ¡Eso no es un desayuno! En el almuerzo, voy a comer ensalada.

CAMARERO ¿Y para usted, señorita?

AMANDA Panqueques y un vaso de leche.

CAMARERO Muy bien. ¿Y para ti?

CARLITOS Chocolate caliente y galletas. Las galletas son más sabrosas que los panqueques.

Sergio paga la cuenta y deja una buena propina. Marisa piensa que, después del desayuno, deben ir a caminar… ¡o a correr por toda la ciudad!

3. Preguntas y respuestas

1. ¿Sergio y Marisa trabajan en Costa Rica o están de vacaciones en Costa Rica? /
   Están de vacaciones en Costa Rica. /
2. ¿El hotel tiene o no tiene servicio de habitación? /
   Tiene servicio de habitación. /
3. ¿Marisa quiere pollo a la parrilla, langosta o pescado? /
   Quiere pescado. /
4. ¿Sergio debe o no debe comer chuletas de cerdo? /
   No debe comer chuletas de cerdo. /
5. ¿Sergio piensa o no piensa seguir su dieta especial hoy? /
   No piensa seguir su dieta especial. /
6. ¿Sergio lee el periódico o la lista de postres? /
   Lee la lista de postres. /

7. En el desayuno, ¿Marisa quiere huevos revueltos o huevos fritos? /
   Quiere huevos revueltos. /
8. ¿Sergio quiere pan con mantequilla o panqueques? /
   Quiere pan con mantequilla. /
9. ¿Amanda quiere café o un vaso de leche? /
   Quiere un vaso de leche. /
10. ¿Carlitos quiere galletas o pan? /
    Quiere galletas. /
11. ¿Quién paga la cuenta: Sergio o Marisa? /
    Sergio paga la cuenta. /
12. ¿Marisa piensa que después del desayuno deben dormir o correr? /
    Piensa que deben correr. /

PUNTOS PARA RECORDAR

4. **Present progressive**

Modelo yo / hablar / español /
Yo estoy hablando español. /

1. ellos / comer / ensalada /
   Ellos están comiendo ensalada. /
2. Ana / dormir / aquí /
   Ana está durmiendo aquí. /
3. tú / leer / un libro /
   Tú estás leyendo un libro. /
4. nosotros / servir / vino /
   Nosotros estamos sirviendo vino. /
5. ella / pedir / pescado /
   Ella está pidiendo pescado. /
6. ustedes / escribir / en inglés /
   Ustedes están escribiendo en inglés. /

5. **Uses of *ser* and *estar***

Modelo Fernando / muy guapo /
Fernando es muy guapo. /

1. mi hermana / inteligente /
   Mi hermana es inteligente. /
2. los muchachos / muy altos /
   Los muchachos son muy altos. /
3. el camarero / en el restaurante /
   El camarero está en el restaurante. /
4. el teléfono / de plástico /
   El teléfono es de plástico. /
5. yo / muy cansado /
   Yo estoy muy cansado. /
6. el señor / de Chile /
   El señor es de Chile. /
7. mi esposa / trabajando /
   Mi esposa está trabajando. /
8. el señor Paz / profesor de español /
   El señor Paz es profesor de español. /
9. la fiesta / en el club /
   La fiesta es en el club. /

6. **Stem-changing verbs: *e > ie***

Modelo Nosotros deseamos ir. (querer) /
Nosotros queremos ir. /

1. La clase es a las ocho. (comenzar) /
   La clase comienza a las ocho. /
2. Yo deseo beber vino. (preferir) /
   Yo prefiero beber vino. /
3. Nosotros deseamos ir a la fiesta. (pensar) /
   Nosotros pensamos ir a la fiesta. /
4. ¿Tú deseas bailar con Gustavo? (querer) /
   ¿Tú quieres bailar con Gustavo? /
5. La fiesta es a las nueve. (empezar) /
   La fiesta empieza a las nueve. /
6. Ud. trabaja mucho. (pensar) /
   Ud. piensa mucho. /

7. **Comparative and superlative adjectives, adverbs, and nouns**

Modelo —¿Quién es la más inteligente de la clase? (Elsa) /
—Elsa es la más inteligente de la clase. /

1. ¿Quién es el mayor de tus hermanos? (Carlos) /
   Carlos es el mayor de mis hermanos. /
2. ¿Cuál es el mejor hotel? (el hotel Madrid) /
   El hotel Madrid es el mejor hotel. /
3. ¿Ricardo es más alto que tú? (sí) /
   Sí, Ricardo es más alto que yo. /
4. ¿Quién es la chica más bonita de la clase? (Alicia) /
   Alicia es la chica más bonita de la clase. /
5. ¿Tu amigo es menos inteligente que tú? (sí) /
   Sí, mi amigo es menos inteligente que yo. /
6. ¿Tú hablas español tan bien como el profesor? (no) /
   No, yo no hablo español tan bien como el profesor. /
7. ¿Tus padres son más ricos que tú? (sí) /
   Sí, mis padres son más ricos que yo. /
8. ¿El restaurante Italia es tan bueno como el restaurante México? (no) /
   No, el restaurante Italia no es tan bueno como el restaurante México. /
9. ¿Tú tienes tantos libros como el profesor? (no) /
   No, yo no tengo tantos libros como el profesor. /

8. **Pronouns as objects of prepositions**

Modelo —¿Vas a la fiesta conmigo? /
—No, no voy a la fiesta contigo. /

1. ¿Los discos compactos son para mí? /
   No, no son para ti. /
2. ¿Tus padres van al club contigo? /
   No, no van conmigo. /
3. ¿El escritorio es para ustedes? /
   No, no es para nosotros. /
4. ¿La invitación es para ti? /
   No, no es para mí. /
5. ¿Tú vas al club con ellos? /
   No, no voy con ellos. /

DÍGANOS

9. Más preguntas

Modelo —¿Pedro come jamón o chorizo? (jamón) /
—*Come jamón.* /

1. ¿Qué van a celebrar Uds.? (mi cumpleaños) /
Vamos a celebrar mi cumpleaños. /
2. ¿Qué vas a pedir para comer? (pescado asado) /
Voy a pedir pescado asado. /
3. ¿Qué quieres beber? (café con leche) /
Quiero beber café con leche. /
4. ¿Qué quieren Uds. de postre? (flan con crema) /
Queremos flan con crema. /
5. ¿Quién paga la cuenta? (yo) /
Yo pago la cuenta. /
6. ¿Cuánto dejas de propina? (diez dólares) /
Dejo diez dólares. /
7. ¿Quieres puré de papas o papas fritas? (puré de papas) /
Quiero puré de papas. /
8. ¿Quieres tostadas? (sí, con mantequilla) /
Sí, quiero tostadas con mantequilla. /
9. ¿Quieres arroz con leche? (no, torta de chocolate) /
No, quiero torta de chocolate. /
10. ¿El pollo es más sabroso que el pescado? (sí, mucho más) /
Sí, el pollo es mucho más sabroso que el pescado. /

EJERCICIOS DE COMPRENSIÓN

10. Tres opciones

1. **a.** Nora quiere torta.
b. Nora quiere pastel.
c. Nora quiere helado. /
The answer is c: ***Nora quiere helado.***
2. **a.** Ana está pidiendo café.
b. Ana está desayunando.
c. Ana está pagando la cuenta. /
The answer is b: ***Ana está desayunando.***
3. **a.** Yolanda piensa pedir langosta.
b. Yolanda piensa pedir bistec.
c. Yolanda piensa pedir pescado. /
The answer is c: ***Yolanda piensa pedir pescado.***
4. **a.** Héctor deja la propina.
b. Héctor llama al camarero.
c. Héctor pone la mesa. /
The answer is a: ***Héctor deja la propina.***
5. **a.** Rita va a pedir camarones.
b. Rita va a pedir cordero asado.
c. Rita va a pedir más café. /
The answer is c: ***Rita va a pedir más café.***
6. **a.** Los chicos están comiendo pollo.
b. Los chicos están bebiendo algo.
c. Los chicos están sirviendo las bebidas. /
The answer is b: ***Los chicos están bebiendo algo.***

11. ¿Lógico o ilógico?

1. Tengo que ir a trabajar porque estoy de vacaciones. /
Ilógico /
2. En el restaurante, estoy leyendo el menú. /
Lógico /
3. Quiero arroz a la parrilla. /
Ilógico /
4. Prefiero una copa de vino tinto. /
Lógico /
5. De postre, voy a pedir flan. /
Lógico /
6. Voy a pedir helado asado. /
Ilógico /
7. El camarero paga la cuenta y deja una buena propina. /
Ilógico /
8. Son las cinco de la tarde. Vamos a desayunar. /
Ilógico /
9. Queremos beber jugo de naranja. /
Lógico /
10. El niño cree que la pizza es muy sabrosa. /
Lógico /

12. Diálogo

ADRIÁN	Laura, ¿vas a la fiesta que da Jaime para su primo?
LAURA	Sí, estoy invitada. Es el sábado, ¿no?
ADRIÁN	Sí, es en el club Miramar y empieza a las ocho.
LAURA	¿Quieres ir conmigo?
ADRIÁN	Sí. ¿A qué hora voy a tu casa?
LAURA	A las siete y media.
ADRIÁN	Muy bien.
LAURA	Oye, Adrián... Tú conoces al primo de Jaime. ¿Cómo es?
ADRIÁN	Es alto y delgado. Es muy inteligente. Bueno... no es tan inteligente como yo...

Preguntas

1. ¿La fiesta es para el primo de Jaime o para el primo de Adrián? /
Es para el primo de Jaime. /
2. ¿La fiesta es el viernes o el sábado? /
Es el sábado. /
3. ¿La fiesta es en la casa de Jaime o es en el club Miramar? /
Es en el club Miramar. /
4. ¿La fiesta empieza a las ocho o a las nueve? /
Empieza a las ocho. /
5. ¿Laura quiere ir a la fiesta con Adrián o con Jaime? /
Quiere ir con Adrián. /

6. ¿Adrián va a la casa de Laura a las siete o a las siete y media? /
   Va a las siete y media. /
7. ¿El primo de Jaime es alto o bajo? /
   Es alto. /

PARA ESCUCHAR Y ESCRIBIR

13. Oraciones

1. Ahora están leyendo el menú. /
2. Debes seguir tu dieta especial. /
3. Eso es más sabroso que los panqueques. /
4. Sergio paga la cuenta y deja una buena propina. /
5. Deben correr por toda la ciudad. /

LECCIÓN 6
Listening Activities

PRONUNCIACIÓN

1. Las consonantes *ll, ñ*

Palabras:

llevar / allí / sello / estampilla / ventanilla / llamar / amarillo / mañana / castaño / español / señora /otoño /

Frases:

1. Los sellos del señor Peña están allí. /
2. La señorita Acuña es de España. /
3. La señora va a llamar mañana. /
4. El señor Llanos llega en el otoño. /
5. Venden estampillas en esa ventanilla. /

DIÁLOGOS

2. En el mercado

Diálogo 1

(Narrator) *Marta y Ariel son una pareja de recién casados. Ellos son de Honduras, pero hace un mes que viven en Managua, la capital de Nicaragua, en un apartamento que está cerca de la universidad.*

MARTA — No hay nada en el refrigerador, excepto un poco de carne. Tenemos que ir al supermercado.
ARIEL — ¿Podemos almorzar antes de ir? Yo estoy muerto de hambre.
MARTA — Bueno, puedes llevarme a comer algo antes...

(Narrator) *Más tarde, en el supermercado.*

ARIEL — Necesitamos azúcar, una docena de huevos, mantequilla, papel higiénico, detergente, lejía... ¿qué más? ¿Dónde está la lista?
MARTA — Yo la tengo. A ver... papas, zanahorias, brócoli, apio, pimientos...
ARIEL — ¡Caramba! ¡Tantos vegetales! ¿Quién los va a comer?
MARTA — ¡Tú y yo! Mi mamá dice que debemos comer cuatro vegetales y cuatro frutas al día.

Diálogo 2

(Narrator) *Don José y doña Ada, los padres de Ariel, están en un mercado al aire libre.*

DON JOSÉ — ¿Cuánto cuestan las chuletas de cerdo?
DOÑA ADA — Son un poco caras, pero podemos comprarlas, si tú quieres. ¿Quieres chuletas de cerdo o chuletas de ternera?
DON JOSÉ — Las dos, y también chuletas de cordero.
DOÑA ADA — ¡No, no! Tienes que elegir una.
DON JOSÉ — Está bien... elijo las chuletas de cerdo. Después tenemos que ir a la pescadería y a la panadería.
DOÑA ADA — Sí, pero antes voy a comprar pepinos, tomates y cebollas.
DON JOSÉ — También necesitamos salsa de tomate porque quiero preparar mis famosos espaguetis con albóndigas.
DOÑA ADA — Buena idea. Tu hermana vuelve a las seis y puede cenar con nosotros.
DON JOSÉ — ¡Perfecto! La criada tiene el día libre hoy, de modo que yo soy el cocinero.
DOÑA ADA — ¡Y tú cocinas mejor que ella!

3. Preguntas y respuestas

1. ¿Marta y Ariel son novios o son recién casados? /
   Son recién casados. /
2. ¿Marta y Ariel viven en Honduras o viven en Managua? /
   Viven en Managua. /
3. ¿Ariel está muerto de hambre o muerto de sed? /
   Está muerto de hambre. /
4. ¿Marta y Ariel tienen que comer muchos vegetales o mucha carne? /
   Tienen que comer muchos vegetales. /
5. ¿Doña Ada y Don José son los padres de Ariel o los padres de Marta? /
   Son los padres de Ariel. /
6. ¿Doña Ada y Don José están en el supermercado o en un mercado al aire libre? /
   Están en un mercado al aire libre. /

7. ¿Las chuletas de cerdo cuestan mucho o cuestan poco? /
Cuestan mucho. /
8. ¿Don José elige chuletas de cordero o de cerdo? /
Elige chuletas de cerdo. /
9. ¿Don José y Doña Ada van a comprar pescado o no van a comprar pescado? /
Van a comprar pescado. /
10. ¿La criada tiene que trabajar hoy o tiene el día libre? /
Tiene el día libre. /
11. ¿Don José va a preparar espaguetis o va a preparar chuletas de cerdo? /
Va a preparar espaguetis. /
12. ¿La criada cocina mejor o Don José cocina mejor? /
Don José cocina mejor. /

PUNTOS PARA RECORDAR

4. Stem-changing verbs: *o* > *ue*

Modelo —¿Recuerdas la dirección de Ariel? (sí) /
—*Sí, recuerdo la dirección de Ariel. /*

1. ¿Cuánto cuestan las chuletas de cerdo? (mucho) /
Cuestan mucho. /
2. ¿Cuándo puedes ir al mercado? (mañana) /
Puedo ir mañana. /
3. ¿Recuerdas el número de teléfono del mercado? (no) /
No, no recuerdo el número de teléfono del mercado. /
4. ¿A qué hora vuelven Uds. a casa? (a las cinco) /
Volvemos a casa a las cinco. /
5. ¿Duermes bien? (sí) /
Sí, duermo bien. /

5. Stem-changing verbs: *e* > *i*

Modelo —¿Qué sirven Uds. por la mañana? (café) /
—*Servimos café. /*

1. ¿Dónde consigues tú pescado bueno? (en la pescadería) /
Consigo pescado bueno en la pescadería. /
2. Cuando vas a un restaurante mexicano, ¿qué pides? (tamales) /
Pido tamales. /
3. ¿Qué dicen ellos de este mercado? (que es muy bueno) /
Dicen que es muy bueno. /
4. ¿Tú dices que sí? (sí) /
Sí, yo digo que sí. /
5. ¿Dónde consiguen Uds. pan cubano? (en la panadería Ruiz) /
Conseguimos pan cubano en la panadería Ruiz. /

6. Direct object pronous

Modelo —¿Necesitas las frutas? /
—*Sí, las necesito. /*

1. ¿Compras los vegetales hoy? /
Sí, los compro hoy. /
2. ¿Llamas a Amelia hoy? /
Sí, la llamo hoy. /
3. ¿Te llevan ellos al mercado? /
Sí, me llevan al mercado. /
4. ¿Tienes el número de teléfono del mercado? /
Sí, lo tengo. /
5. ¿Ella los lleva a Uds. a la panadería? /
Sí, nos lleva a la panadería. /
6. ¿Tú compras las chuletas aquí? /
Sí, las compro aquí. /
7. ¿Tú vas a mandar el dinero hoy? /
Sí, lo voy a mandarlo hoy. /
8. ¿Ariel lo busca a Ud.? /
Sí, me busca. /

7. Negative expressions

Modelo Necesito algo. /
No necesito nada. /

1. Yo siempre voy también. /
Yo nunca voy tampoco. /
2. Hay alguien conmigo. /
No hay nadie conmigo. /
3. Compramos carne o pescado. /
No compramos ni carne ni pescado. /
4. Tengo algunos libros en español. /
No tengo ningún libro en español. /

8. Hace... que

Modelo —¿Cuánto tiempo hace que Ud. vive aquí? (diez años) /
—*Hace diez años que vivo aquí. /*

1. ¿Cuánto tiempo hace que Ud. estudia español? (seis meses) /
Hace seis meses que estudio español. /
2. ¿Cuánto tiempo hace que Ud. está en esta universidad? (un año) /
Hace un año que estoy en esta universidad. /
3. ¿Cuánto tiempo hace que Ud. está en la clase? (diez minutos) /
Hace diez minutos que estoy en la clase. /
4. ¿Cuánto tiempo hace que Ud. no come? (cinco horas) /
Hace cinco horas que no como. /
5. ¿Cuánto tiempo hace que Ud. no llama a su amigo? (tres días) /
Hace tres días que no llamo a mi amigo. /

DÍGANOS

9. Más preguntas

Modelo —¿En qué mercado compra Ud.? (mercado al aire libre) /
—*Compro en el mercado al aire libre. /*

1. ¿Qué día va Ud. al supermercado? (los sábados) /
Voy al supermercado los sábados. /

2. ¿Qué vegetales le gustan a Ud.? (la lechuga y el tomate) /
Me gustan la lechuga y el tomate. /
3. Qué necesita Ud.? (una docena de huevos) /
Necesito una docena de huevos. /
4. ¿Prefiere Ud. comer brócoli o apio? (brócoli) /
Prefiero comer brócoli. /
5. ¿Con qué limpia Ud. el baño? (detergente) /
Limpio el baño con detergente. /
6. ¿Cuántos vegetales debemos comer al día? (cuatro) /
Debemos comer cuatro vegetales al día. /
7. ¿Adónde va Ud. para comprar pescado? (pescadería) /
Voy a la pescadería para comprar pescado. /
8. ¿Vive Ud. en una casa? (no, apartamento) /
No, vivo en un apartamento. /

EJERCICIOS DE COMPRENSIÓN

10. Tres opciones

1. **a.** Carlos piensa ir a la pescadería.
   b. Carlos va a comer pollo.
   c. Carlos necesita lejía. /
   The answer is a: ***Carlos piensa ir a la pescadería.***
2. **a.** Ángel está comprando plátanos.
   b. va a hacer una ensalada de frutas.
   c. Ángel está en la carnicería. /
   The answer is a: ***Ángel está comprando plátanos.***
3. **a.** Dora está en un mercado al aire libre.
   b. Dora está en un supermercado.
   c. Dora está en una panadería. /
   The answer is b: ***Dora está en un supermercado.***
4. **a.** La Sra. Díaz necesita pepinos para la ropa.
   b. La Sra. Díaz necesita pan para la ropa.
   c. La Sra. Díaz necesita lejía para la ropa. /
   The answer is c: ***La Sra. Díaz necesita lejía para la ropa.***
5. **a.** Raquel va a comprar vegetales.
   b. Raquel va a comprar detergente.
   c. Raquel va a comprar huevos. /
   The answer is a: ***Raquel va a comprar vegetales.***

11. ¿Lógico o ilógico?

1. Voy a comprar pollo y camarones para hacer una ensalada de frutas. /
Ilógico /
2. Están comprando carne en el supermercado. /
Lógico /
3. Trae piñas y cerezas para hacer una ensalada de vegetales. /
Ilógico /
4. Compramos lechuga y pepino para hacer una torta. /
Ilógico /
5. Necesitamos papel higiénico para el baño. /
Lógico /
6. No compro chuletas porque son un poco caras. /
Lógico /
7. Necesito las cebollas para cocinar. /
Lógico /
8. Voy a comprar una docena de huevos. /
Lógico /
9. Voy a beber algo. Estoy muerto de hambre. /
Ilógico /
10. Hoy tengo que trabajar mucho. Tengo el día libre. /
Ilógico /

12. Diálogo

ANTONIO	Victoria, necesitamos carne, pollo y pescado.
VICTORIA	Tía Eva va a ir a la pescadería y va a traer salmón.
ANTONIO	Bueno, yo puedo ir al supermercado más tarde.
VICTORIA	Ah, Antonio, tía Eva quiere hacer un pastel y necesita manzanas.
ANTONIO	Yo puedo comprarlas.
VICTORIA	Oye, tu papá quiere saber dónde conseguimos pan cubano.
ANTONIO	En la panadería Roca. Tú y yo podemos llevarlo allí esta tarde.
VICTORIA	¿Quieres una fruta? Hay cerezas y fresas.
ANTONIO	No, quiero chuletas de ternera y una ensalada de lechuga.

Preguntas

1. ¿Qué dice Antonio que necesitan? /
Dice que necesitan carne, pollo y pescado. /
2. ¿Qué va a traer la tía de Victoria de la pescadería? /
Va a traer salmón. /
3. ¿Qué quiere hacer la tía de Victoria? /
Quiere hacer un pastel. /
4. ¿Qué necesita? /
Necesita manzanas. /
5. ¿Qué quiere saber el papá de Antonio? /
Quiere saber dónde consiguen pan cubano. /
6. ¿Cuándo pueden llevarlo a la panadería Roca? /
Pueden llevarlo esta tarde. /
7. ¿Qué frutas hay? /
Hay cerezas y fresas. /
8. ¿Qué quiere comer Antonio? /
Quiere comer chuletas de ternera y una ensalada de lechuga. /

PARA ESCUCHAR Y ESCRIBIR

13. Oraciones

1. ¿Podemos almorzar antes de ir? /
2. Necesitamos azúcar y una docena de huevos. /
3. Están en un mercado al aire libre. /
4. Elijo las chuletas de cerdo. /
5. Tu hermana vuelve a las seis. /

LECCIÓN 7

Listening Activities

PRONUNCIACIÓN

1. Las consonantes *l, r, rr*

Palabras:

película / levantan / último / Olga / Aranda / volvieron / invitaron / florero / aburrirse / recepción / reírse / Enrique / correr

Frases:

1. Aldo y Olga les dan un árbol. /
2. Pablo Casals y Laura Saldán van con Lola. /
3. Carlos Aranda es de Paraguay. /
4. Correa y Enrique Rubio son ricos. /

DIÁLOGOS

2. Un fin de semana

Diálogo 1

(Narrator) *Carlos Aranda y su esposa Ester son cubanos, pero ahora viven en un apartamento grande y moderno en Santo Domingo. Tienen dos hijos mellizos de diecisiete años, Pablo y Olga.*

Carlos y Ester se levantan temprano hoy porque tienen muchos planes para el fin de semana. Los chicos duermen hasta las diez porque anoche fueron a una fiesta de cumpleaños en la casa de sus primos y volvieron muy tarde.

ESTER ¿Vamos a ir al teatro con tus padres? Ellos nos invitaron la semana pasada.

CARLOS Tú sabes que a mí no me gusta ir al teatro; me gusta más el cine. Papá quiere ver la película americana que ponen en el cine Rex. Es una película de guerra...

ESTER Bueno, voy a preguntarles si quieren cambiar sus planes, pero a tu mamá le gustan las comedias románticas.

CARLOS ¡Ah! Teresa nos mandó la invitación para su boda. La recepción es mañana, en el club Náutico. ¿Quieres ir?

ESTER Podemos ir un rato. ¿Ya se levantaron los chicos?

CARLOS Sí, están desayunando. Olga se está quejando porque no puede ir a patinar con sus amigos esta tarde.

ESTER Ella sabe que esta tarde tenemos que ir a visitar a tía Marcela, que nos invitó a merendar.

CARLOS ¡Ay, pobre chica! En vez de divertirse con sus amigos, se va a aburrir como una ostra con tu tía Marcela...

ESTER *(Se ríe)* ¡Está bien! Le voy a decir que no tiene que ir con nosotros.

CARLOS *(Bromeando)* ¿Yo puedo ir a patinar con ella?

Diálogo 2

(Narrator) *Olga y Pablo están hablando en la cocina.*

PABLO Yo voy a ir a nadar con Beto y René esta tarde y después vamos a ir a ver un partido de béisbol.

OLGA ¿Me estás diciendo que no tienes que ir a la casa de tía Marcela?

PABLO No, papá me dio permiso para salir con mis amigos.

OLGA ¡Eso no es justo! ¡A veces quiero ser hija única! ¡Mamá!

ESTER *(Entra en la cocina)* No tienes que ir con nosotros, Olga. La última vez que fuimos a la casa de tía Marcela, tú rompiste su florero favorito. A ella tampoco le gustan tus visitas... ¡Ella compró ese florero en San Juan!

OLGA ¡No fui yo! ¡Fue Pablo! Bueno, no me importa. Esta noche, ¿puedo ir a bailar con María Inés y su hermano? Hay una discoteca nueva...

ESTER ¡Ajá! ¿El hermano...?

OLGA A los dos nos gusta bailar... eso es todo...

ESTER Bueno, pero tienes que volver antes de la medianoche.

OLGA Les voy a decir que me tienen que traer a las doce menos cinco, ¡sin falta! ¡Soy una Cenicienta moderna!

3. **Preguntas y respuestas**
   1. ¿Ester y Carlos son dominicanos o cubanos? /
      Son cubanos. /
   2. ¿Carlos y Ester tienen planes para el lunes o para el fin de semana? /
      Tienen planes para el fin de semana. /
   3. ¿Pablo y Olga fueron a la casa de sus primos o a la casa de sus abuelos? /
      Fueron a la casa de sus primos. /
   4. ¿A Carlos no le gusta ir al teatro o no le gusta ir al cine? /
      No le gusta ir al teatro. /
   5. ¿El papá de Carlos quiere ver una película americana o una película mexicana? /
      Quiere ver una película americana. /
   6. ¿Carlos y Ester recibieron una invitación a un cumpleaños o a una boda? /
      Recibieron una invitación a una boda. /
   7. ¿Olga se está quejando porque no puede ir a patinar o porque no puede ir a casa de su tía? /
      Se está quejando porque no puede ir a patinar. /
   8. ¿Carlos cree que Olga se va a aburrir con Marcela o con sus amigos? /
      Cree que se va aburrir con Marcela. /
   9. ¿Pablo va a ir a nadar con sus padres o con sus amigos? /
      Va a ir a nadar con sus amigos. /
   10. ¿Olga dice que fue Pablo o que fue ella quien rompió el florero? /
       Dice que fue Pablo. /
   11. Esta noche, ¿Olga quiere ir a bailar o ir a un partido de béisbol? /
       Quiere ir a bailar. /
   12. ¿Olga va a ir a una biblioteca o a una discoteca? /
       Va a ir a una discoteca. /

PUNTOS PARA RECORDAR

4. **Preterit of regular verbs**
   Modelo Yo trabajo con ellos. /
   Yo trabajé con ellos. /
   1. Yo hablo con mi cuñado. /
      Yo hablé con mi cuñado. /
   2. Tú compras el florero. /
      Tú compraste el florero. /
   3. Ella come en la cafetería. /
      Ella comió en la cafetería. /
   4. Nosotros volvemos temprano. /
      Nosotros volvimos temprano. /
   5. Mis hermanos escriben en español. /
      Mis hermanos escribieron en español. /
   6. Yo llego a las dos. /
      Yo llegué a las dos. /
   7. Tú cierras la puerta. /
      Tú cerraste la puerta. /
   8. Mi mamá lee ese libro. /
      Mi mamá leyó ese libro. /

5. **Preterit of *ser, ir,* and *dar***
   Modelo ¿Adónde van ellos? /
   ¿Adónde fueron ellos /
   1. ¿Tú vas al cine? /
      ¿Tú fuiste al cine? /
   2. ¿Tu primo va contigo? /
      ¿Tu primo fue contigo? /
   3. ¿Van a patinar? /
      ¿Fueron a patinar? /
   4. ¿Tú y yo vamos por la mañana? /
      ¿Tú y yo fuimos por la mañana? /
   5. ¿Ellos van al partido? /
      ¿Ellos fueron al partido? /
   6. ¿Tú eres su estudiante? /
      ¿Tú fuiste su estudiante? /
   7. ¿Ella es la mejor profesora? /
      ¿Ella fue la mejor profesora? /
   8. ¿Yo doy mucho dinero? /
      ¿Yo di mucho dinero? /
   9. ¿Tú das una fiesta? /
      ¿Tú diste una fiesta? /
   10. ¿Ellos dan su número? /
       ¿Ellos dieron su número? /

6. **Indirect object pronouns**
   Modelo —¿Tú le escribiste a tu tío? (sí) /
   —Sí, le escribí. /
   1. ¿Qué le compraste a tu sobrino? (ropa) /
      Le compré ropa. /
   2. ¿Qué me compraste? (una computadora) /
      Te compré una computadora. /
   3. ¿Qué te compraron tus abuelos? (una mochila) /
      Me compraron una mochila. /
   4. ¿Qué nos compraste a Carlos y a mí? (bolígrafos) /
      Les compré bolígrafos. /
   5. ¿Tú les diste dinero a tus padres? (no) /
      No, no les di dinero. /
   6. ¿Tus padres le dieron dinero a tu hermano? (no) /
      No, no le dieron dinero. /

7. **The verb *gustar***
   Modelo —¿Te gusta más la langosta o el pescado? /
   —Me gusta más la langosta. /
   1. ¿Te gustan más las manzanas o las fresas? /
      Me gustan más las manzanas. /
   2. ¿A tu amiga le gusta más el pollo o el pescado? /
      Le gusta más el pollo. /
   3. ¿A Uds. les gusta más la cerveza o el vino? /
      Nos gusta más la cerveza. /
   4. ¿A tus padres les gusta más tomar café o tomar té? /
      Les gusta más tomar café. /
   5. ¿A tu amiga le gusta más ir al cine o ir al teatro? /
      Le gusta más ir al cine. /

8. Reflexive constructions

Modelo —¿A qué hora te levantas tú? (a las siete) /
—Me levanto a las siete. /

1. ¿A qué hora se acuestan Uds.? (a las diez) /
Nos acostamos a las diez. /
2. ¿Te bañas por la mañana o por la noche? (por la mañana) /
Me baño por la mañana. /
3. ¿Puedes bañarte y vestirte en diez minutos? (no) /
No, no puedo bañarme y vestirme en diez minutos. /
4. ¿Tu papá se afeita todos los días? (sí) /
Sí, se afeita todos los días. /
5. ¿Tú te pones ropa blanca o ropa negra? (ropa negra) /
Me pongo ropa negra. /
6. En la clase, ¿tus amigos se sientan cerca de la pizarra o cerca de la puerta? (cerca de la puerta) /
Se sientan cerca de la puerta. /
7. ¿Tú te aburres en la clase? (no) /
No, no me aburro. /
8. ¿Uds. se divierten en las fiestas? (sí, mucho) /
Sí, nos divertimos mucho. /

DÍGANOS

9. Más preguntas

Modelo —¿A qué hora se despiertan ustedes? (a las cinco y media) /
—Nos despertamos a las cinco y media. /

1. ¿Adónde van Uds. este fin de semana? (al cine) /
Vamos al cine. /
2. ¿Te gustó la película? (sí, mucho) /
Sí, me gustó mucho. /
3. ¿A qué hora vuelven Uds. a su casa? (a la medianoche) /
Volvemos a la medianoche. /
4. ¿Uds. prefieren ir al cine o al teatro? (al teatro) /
Preferimos ir al teatro. /
5. ¿Qué comiste anoche? (pollo y ensalada) /
Comí pollo y ensalada. /
6. ¿A qué hora te acostaste anoche? (a las once) /
Me acosté a las once. /
7. ¿A qué hora se levantaron Uds. hoy? (a las seis) /
Nos levantamos a las seis. /
8. ¿A quién visitaron Uds.? (a mi abuela) /
Visitamos a mi abuela. /
9. ¿Adónde fuiste anoche? (a una fiesta) /
Fui a una fiesta. /
10. ¿Hasta qué hora vas a estar en la universidad? (las dos) /
Voy a estar en la universidad hasta las dos. /

EJERCICIOS DE COMPRENSIÓN

10. Tres opciones

1. **a.** Sara fue a nadar.
b. Sara fue a merendar.
c. Sara fue a patinar. /
The answer is c: ***Sara fue a patinar.***
2. **a.** José y Adela se quejan.
b. José y Adela se levantan.
c. José y Adela se divierten. /
The answer is c: ***José y Adela se divierten.***
3. **a.** Graciela se bañó.
b. Graciela se acostó.
c. Graciela se despertó. /
The answer is a: ***Graciela se bañó.***
4. **a.** Teresa se aburrió.
b. Teresa se probó la ropa.
c. Teresa se afeitó. /
answer is b: ***Teresa se probó la ropa.***
5. **a.** Claudia se lava la cabeza.
b. Claudia se quita la ropa.
c. Claudia se ríe. /
The answer is c: ***Claudia se ríe.***
6. **a.** Ana fue a la casa de su tía.
b. Ana estudió toda la tarde.
c. Ana vio una buena película. /
The answer is c: ***Ana vio una buena película.***

11. ¿Lógico o ilógico?

1. No puedo ir a patinar el sábado porque yo trabajo los fines de semana. /
Lógico /
2. Vamos a la discoteca a bailar. /
Lógico /
3. Fui al cine y vi una buena película. /
Lógico /
4. Le voy a pasar la aspiradora al florero. /
Ilógico /
5. Siempre merendamos a la medianoche. /
Ilógico /
6. Todos nos divertimos en la fiesta. /
Lógico /
7. Quiero ir a visitar a mi tía porque siempre me aburro con ella. /
Ilógico /
8. Van a un club nocturno para montar a caballo. /
Ilógico /
9. Vamos a llevar a los niños al zoológico. /
Lógico /
10. Disneylandia es mi parque de diversiones favorito. /
Lógico /

12. **Diálogo**

NORA	¿Adónde fuiste el fin de semana pasado, Lucas?
LUCAS	El sábado por la mañana fui a montar a caballo.
NORA	¿Silvia fue contigo?
LUCAS	No, a ella le gusta más montar en bicicleta.
NORA	Rubén y yo fuimos a la playa el sábado.
LUCAS	¿Adónde fuiste el domingo?
NORA	A la casa de Raquel. Ella dio una fiesta.
LUCAS	Yo trabajé en el restaurante y después fui a ver un partido de béisbol.
NORA	A mí me gusta mucho el béisbol. La próxima vez tienes que invitarme.
LUCAS	¡Sí! Bueno, nos vemos mañana, Nora.
NORA	Adiós.

Preguntas

1. ¿Adónde fue Lucas el sábado por la mañana? /
   Fue a montar a caballo. /
2. ¿Silvia fue con él? /
   No, no fue con él. /
3. ¿Qué le gusta más a Silvia? /
   Le gusta más montar en bicicleta. /
4. ¿Adónde fueron Rubén y Nora? /
   Fueron a la playa. /
5. ¿Adónde fue Nora el domingo? /
   Fue a la casa de Raquel. /
6. ¿Qué dio Raquel? /
   Dio una fiesta. /
7. ¿Dónde trabajó Lucas el domingo? /
   Trabajó en el restaurante. /
8. ¿Qué fue a ver después? /
   Fue a ver un partido de béisbol. /
9. ¿A Nora le gusta el béisbol? /
   Sí, le gusta mucho. /
10. ¿Qué tiene que hacer Lucas la próxima vez? /
    Tiene que invitar a Nora. /

PARA ESCUCHAR Y ESCRIBIR

13. **Oraciones**
    1. Tienen dos hijos mellizos de diecisiete años. /
    2. Anoche fueron a una fiesta de cumpleaños. /
    3. Olga se está quejando porque no puede ir a patinar. /
    4. Se va a aburrir con su tía Marcela. /
    5. ¡A veces quiero ser hija única! /

LECCIÓN 8
Listening Activities

PRONUNCIACIÓN

1. **Entonación**
   1. Se juntan con otros chicos los fines de semana. /
   2. Yo sé que tú nunca ibas a acampar. /
   3. Supongo que tampoco tienes caña de pescar. /
   4. No sé si agradecerte tu invitación. /
   5. Es hora de tener una nueva experiencia. /

CORREOS ELECTRÓNICOS

2. **La invitación de Sandra**

E-mail 1

De: Sandra@earthlink.net
A: Fabio@hotmail.com
Asunto: ¡Vamos a acampar!

Hola, Fabio:

Ayer mi familia y yo estuvimos planeando nuestro fin de semana y decidimos invitarte a pasarlo con nosotros. ¡Vamos a acampar!

Ya sé que tú nunca ibas a acampar cuando eras niño, de modo que esta va a ser una nueva experiencia para ti: dormir bajo las estrellas en una bolsa de dormir, levantarte temprano para hacer una caminata, pescar, remar, hacer una fogata por la noche… ¡Te prometo que te va a encantar!

Si no tienes bolsa de dormir, nosotros tenemos varias y te podemos prestar una; mi hermano te la puede llevar a tu apartamento esta noche. Supongo que tampoco tienes caña de pescar… No importa, puedes usar la de mi mamá porque a ella no le gusta mucho pescar, y siempre prepara mucha comida, por si acaso nadie pesca. ¡Ah! Tenemos tres tiendas de campaña.

Anoche no pude llamarte porque tuve que trabajar. ¿Y tú? ¿Qué hiciste?

Un abrazo,
Sandra

E-mail 2

De: Fabio@hotmail.com
A: Sandra@earthlink.net
Asunto: Tu invitación

Querida Sandra:

Acabo de leer tu mensaje, y no sé si agradecerte tu invitación o tomar el primer avión a Bogotá para escaparme.

Bueno, en serio... ¿Recuerdas que yo te dije que mis padres y yo generalmente pasábamos nuestras vacaciones en ciudades grandes y que nos hospedábamos en hoteles? No estábamos acostumbrados a todas esas actividades al aire libre que les gustan a ustedes. Una vez mi papá fue a acampar con unos amigos y no durmió en toda la noche.

Pero... creo que es hora de tener una nueva experiencia, como me dijiste, especialmente con mi mejor amiga y su encantadora familia.

¿Y la bolsa de dormir...? ¿Jorge me la va a traer esta noche? Y... ¿estás segura de que tu mamá va a preparar comida? ¿Crees que podemos alquilar una cabaña? Por último, ¿hay muchos mosquitos?

Abrazos,
Fabio

3. Preguntas y respuestas

1. ¿Sandra y Fabio son amigos o son novios?
   Son amigos.
2. Fabio es colombiano o es venezolano?
   Es colombiano.
3. ¿Sandra está planeando un fin de semana o unas vacaciones?
   Un fin de semana.
4. ¿Pablo iba a acampar cuando era niño o no iba nunca?
   No iba nunca.
5. ¿Sandra no tiene bolsas de dormir o tiene varias?
   Tiene varias.
6. ¿A la mamá de Sandra le gusta pescar o no le gusta pescar?
   No le gusta pescar.
7. ¿Sandra trabaja o no trabaja?
   Trabaja.
8. ¿Fabio y sus padres pasaban sus vacaciones en ciudades grandes o pequeñas?
   En ciudades grandes.
9. ¿Fabio se hospedaba en hoteles o acampaba?
   Se hospedaba en hoteles.
10. Cuando el papá de Fabio fue a acampar, ¿durmió bien o no durmió?
    No durmió.
11. ¿Sandra va a traer la bolsa de dormir o la va a traer Jorge?
    La va a traer Jorge.
12. ¿Fabio quiere alquilar una cabaña o Sandra quiere alquilar una cabaña?
    Fabio quiere alquilar una cabaña.

PUNTOS PARA RECORDAR

4. Preterit of irregular verbs

Modelo Están allí. /
Estuvieron allí. /

1. No puedo ir. / *No pude ir.* /
2. Tengo que trabajar. / *Tuve que trabajar.* /
3. Dicen que sí. / *Dijeron que sí.* /
4. Hace el pan. / *Hizo el pan.* /
5. No lo sabe. / *No lo supo.* /
6. Tú conduces bien. / *Tú condujiste bien.* /
7. Lo ponemos en la mesa. / *Lo pusimos en la mesa.* /
8. No quiere comer. / *No quiso comer.* /
9. Lo traducen al inglés. / *Lo tradujeron al inglés.* /
10. Lo traen cuando vienen. / *Lo trajeron cuando vinieron.* /

5. Direct and indirect object pronouns used together

Modelo —¿Quién te trajo la caña de pescar? (Teresa) /
—Me la trajo Teresa. /

1. ¿A quién le diste el dinero? (a Carlos) /
   Se lo di a Carlos. /
2. ¿Quién les trajo a Uds. las raquetas? (mi mamá) /
   Nos las trajo mi mamá. /
3. ¿Tú les compraste la escopeta? (sí) /
   Sí, yo se la compré. /
4. ¿Cuándo te mandaron la caña de pescar? (ayer) /
   Me la mandaron ayer. /
5. ¿Dónde me compraste el pastel? (en la panadería) /
   Te lo compré en la panadería. /
6. ¿Quién le pagó la comida a Javier? (su papá) /
   Se la pagó su papá. /

6. Stem-changing verbs in the preterit

Modelo Yo serví la comida. (Jorge) /
Jorge sirvió la comida. /

1. Nosotros no conseguimos el dinero. (mis padres) /
   Mis padres no consiguieron el dinero. /
2. Me divertí mucho en la fiesta. (Lupe) /
   Lupe se divirtió mucho en la fiesta. /
3. Tú seguiste hablando. (Sergio y Carlos) /
   Sergio y Carlos siguieron hablando. /
4. Pedimos pescado. (mi amigo) /
   Mi amigo pidió pescado. /
5. Yo no dormí bien. (Uds.) /
   Uds. no durmieron bien. /
6. Anoche me sentí mal. (mi hija) /
   Anoche mi hija se sintió mal. /

7. The imperfect tense

Modelo Hablo español. /
Hablaba español. /

1. Voy con ellos. /
   Iba con ellos. /
2. Ella es mi profesora. /
   Ella era mi profesora. /
3. Comen melocotones. /
   Comían melocotones. /

4. Nunca los ves. /
   Nunca los veías. /
5. Tienen mucho dinero. /
   Tenían mucho dinero. /
6. Siempre nos quejamos. /
   Siempre nos quejábamos. /
7. Yo limpio la casa. /
   Yo limpiaba la casa. /
8. Ud. juega bien al tenis. /
   Ud. jugaba bien al tenis. /

8. Formation of adverbs

Modelo fácil / *fácilmente /*

1. rápido / *rápidamente /*
2. general / *generalmente /*
3. reciente / *recientemente /*
4. completo / *completamente /*
5. raro / *raramente /*
6. lento y claro / *lenta y claramente*

DÍGANOS

9. Más preguntas

Modelo —¿Adónde iba Ud. de vacaciones siempre? (a la playa) /
—Siempre iba a la playa. /

1. ¿Qué hacía Ud. en la playa? (tomar el sol) /
   Tomaba el sol. /
2. ¿Ud. buceaba o hacía surfing? (hacía surfing) /
   Hacía surfing. /
3. ¿Cuándo tuvo Ud. vacaciones este año? (en agosto) /
   Tuve vacaciones en agosto. /
4. ¿Se hospedó en un hotel o acampó? (acampé) /
   Acampé. /
5. ¿Dónde durmió Ud.? (en una bolsa de dormir) /
   Dormí en una bolsa de dormir. /
6. ¿Se levantó temprano? (no, tarde) /
   No, me levanté tarde. /
7. ¿Se divirtió Ud. en sus vacaciones? (sí, mucho) /
   Sí, me divertí mucho. /

EJERCICIOS DE COMPRENSIÓN

10. Tres opciones

1. a. Raúl prefirió ir a pescar. /
   b. Raúl prefirió ir a nadar. /
   c. Raúl prefirió ir a bucear. /
   The answer is a: ***Raúl prefirió ir a pescar. /***
2. a. Ángel durmió en una canoa. /
   b. Ángel durmió en un velero. /
   c. Ángel durmió en una tienda de campaña. /
   The answer is c: ***Ángel durmió en una tienda de campaña. /***
3. a. Luis quiso hacer surfing. /
   b. Luis quiso ir a remar. /
   c. Luis quiso hacer esquí acuático. /
   The answer is b: ***Luis quiso ir a remar. /***
4. a. Mario llevó una caña de pescar. /
   b. Mario llevó una tabla de mar. /
   c. Mario llevó una escopeta. /
   The answer is c: ***Mario llevó una escopeta. /***
5. a. Pepe hizo una caminata. /
   b. Pepe tomó el sol. /
   c. Pepe hizo pescado frito. /
   The answer is a: ***Pepe hizo una caminata. /***

11. ¿Lógico o ilógico?

1. Ellos son de Bogotá. Son colombianos. /
   Lógico /
2. Mi hermano no tiene bolsas de dormir. Me va a prestar dos bolsas. /
   Ilógico /
3. Compré una escopeta para ir a pescar. /
   Ilógico /
4. Fuimos al lago para practicar el esquí acuático. /
   Lógico /
5. Necesito la bolsa de dormir para ir a acampar. /
   Lógico /
6. Vamos a hospedarnos en un hotel. Vamos a dormir bajo las estrellas. /
   Ilógico /
7. Si vamos en canoa tenemos que remar. /
   Lógico /
8. En el mercado generalmente hay salvavidas. /
   Ilógico /
9. Voy a la playa para tomar el sol. /
   Lógico /
10. Necesito el traje de baño para jugar al tenis. /
    Ilógico /

12. Diálogo

IRENE David, pronto vamos a tener vacaciones. ¿Adónde podemos ir?
DAVID ¿Por qué no vamos a acampar? Mi tío puede prestarnos la tienda de campaña.
IRENE No, mi amor, ¡eso es muy aburrido! ¿Por qué no vamos a un hotel cerca de una playa?
DAVID No sé... no me gusta ir a la playa. Yo quiero ir a pescar.
IRENE Y yo prefiero bucear o hacer surfing. Papá me compró una tabla de mar.
DAVID Bueno, esta vez vamos a la playa, pero la próxima vez vamos a acampar.
IRENE ¡Te lo prometo!

Preguntas

1. ¿Qué van a tener pronto Irene y David? / *Pronto van a tener vacaciones.* /
2. ¿Adónde quiere ir David? / *Quiere ir a acampar.* /
3. ¿Qué puede prestarles el tío de David? / *Puede prestarles la tienda de campaña.* /
4. ¿Irene piensa que se va a divertir o que se va a aburrir? / *Piensa que se va a aburrir.* /
5. ¿Adónde prefiere ir Irene? / *Prefiere ir a un hotel cerca de una playa.* /
6. ¿Qué no le gusta a David? / *No le gusta ir a la playa.* /
7. ¿Qué quiere hacer David? / *Quiere ir a pescar.* /
8. ¿Qué prefiere hacer Irene? / *Prefiere bucear o hacer surfing.* /
9. ¿Qué le regaló a Irene su papá? / *Le regaló una tabla de mar.* /
10. ¿Adónde van a ir de vacaciones Irene y David esta vez? / *Van a ir a la playa.* /
11. ¿Adónde dice David que van a ir la próxima vez? / *Dice que van a ir a acampar.* /
12. ¿Promete Irene ir a acampar con David la próxima vez? / *Sí, promete ir a acampar.* /

PARA ESCUCHAR Y ESCRIBIR

13. Oraciones

1. Ahora están planeando un fin de semana. /
2. Pasábamos nuestras vacaciones en ciudades grandes. /
3. Te va a encantar dormir bajo las estrellas. /
4. ¿Hay muchos mosquitos? /
5. Siempre prepara mucha comida, por si acaso. /

LECCIÓN 9
Listening Activities

PRONUNCIACIÓN

1. Entonación

1. Sara sabe exactamente lo que Pablo necesita. /
2. Ya empezó el invierno. /
3. Me dijiste que era su cumpleaños. /
4. No sé qué talla usa. /
5. Yo prefiero andar descalzo. /

DIÁLOGOS

2. De compras

Diálogo 1

(Narrator) *Sara y Pablo son muy buenos amigos. Los dos son de Ecuador, pero ahora viven y estudian en Lima. Se conocieron en la Facultad de Medicina hace dos años. Ahora están en una tienda porque Pablo necesita comprar ropa. Según Sara, él no tiene nada que ponerse.*

SARA ¿Por qué no te pruebas estos pantalones? No son muy caros y están de moda.

PABLO ¿Qué? Yo tenía unos pantalones como estos cuando tenía quince años.

SARA *(Se ríe.)* Bueno... todo vuelve... Tú usas talla mediana ¿no? Allí está el probador. Voy a buscarte una camisa.

PABLO Quiero una camisa blanca de mangas largas y una de mangas cortas.

SARA También necesitas un traje y una corbata para la boda de tu hermano... ¡y una chaqueta! Ya empezó el invierno y hace frío.

PABLO Oye, todo esto me va a costar un ojo de la cara.

SARA También tienes que comprar un regalo para tu mamá; me dijiste que era su cumpleaños.

PABLO No sé qué comprarle. ¿Un vestido? ¿Una blusa y una falda? Pero... no sé qué talla usa. ¡Y no sé lo que le gusta!

SARA Quizá un par de aretes o una cadena de oro como la mía...

PABLO ¡Sara! ¡No puedo gastar tanto! Yo no soy millonario. Le voy a regalar un ramo de flores.

SARA *(Bromeando)* Yo creo que eres un poco tacaño.

Diálogo 2

(Narrator) *Más tarde, en la zapatería.*

EMPLEADO ¿En qué puedo servirle, señor?

PABLO Necesito un par de zapatos. Creo que calzo el número cuarenta y cuatro.

SARA Las botas que compraste el mes pasado eran cuarenta y tres.

PABLO Sí, pero como me quedaban chicas y me apretaban un poco, se las mandé a mi hermano.

SARA Buena idea. ¡Los zapatos tienen que ser cómodos!

PABLO *(Se ríe.)* Entonces, ¿por qué usas esas sandalias de tacones altos?

SARA	Las compré porque eran baratas, pero prefiero usar zapatos de tenis.
PABLO	Yo prefiero andar descalzo. Cuando era chico, me quitaba los zapatos en cuanto llegaba de la escuela.
SARA	Oye, ¿qué hora es?
PABLO	No sé. Eran las cuatro cuando salimos de la tienda. ¿Quieres ir a comer algo?
SARA	Bueno, voy a llamar a Eva, mi compañera de cuarto, para decirle que hoy no como en casa. Ella cocinó hoy...
PABLO	¡Caramba...! Entonces, te hago un gran favor invitándote a cenar.
SARA	*(Se ríe.)* ¡Exactamente!

3. Preguntas y respuestas

1. ¿Sara y Pablo viven y estudian en Lima o en Quito? /
   Viven y estudian en Lima. /
2. ¿Ellos se conocieron hace diez años o hace dos años? /
   Se conocieron hace dos años. /
3. ¿Pablo usa talla grande o talla mediana? /
   Usa talla mediana. /
4. ¿Pablo quiere una camisa blanca o una camisa azul? /
   Quiere una camisa blanca. /
5. ¿Empezó el verano o el invierno? /
   Empezó el invierno. /
6. ¿Pablo tiene que comprar un regalo para su mamá o para su papá? /
   Tiene que comprar un regalo para su mamá. /
7. ¿Pablo le va a regalar a su mamá un ramo de flores o una cadena de oro? /
   Le va a regalar un ramo de flores. /
8. ¿Pablo necesita un par de botas o un par de zapatos? /
   Necesita un par de zapatos. /
9. Las botas que Pablo compró el mes pasado, ¿le quedaban chicas o le quedaban grandes? /
   Le quedaban chicas. /
10. ¿Sara prefiere usar zapatos de tenis o botas? /
    Prefiere usar zapatos de tenis. /
11. ¿A Pablo le gusta más usar zapatos o andar descalzo? /
    Le gusta más andar descalzo. /
12. ¿Sara va a llamar a su compañera de cuarto o a su mamá? /
    Va a llamar a su compañera de cuarto. /

PUNTOS PARA RECORDAR

4. Some uses of *por* and *para*

Modelo —¿Para quién es la blusa? (Rita) /
—*Es para Rita. /*

1. ¿Cuánto pagaste por el pantalón? (cincuenta dólares) /
   Pagué cincuenta dólares por el pantalón /
2. ¿Por cuánto tiempo te vas a quedar en Lima? (quince días) /
   Me voy a quedar en Lima por quince días. /
3. ¿Para cuándo necesitas la camisa? (mañana) /
   Necesito la camisa para mañana. /
4. ¿Qué día sales para Quito? (el lunes) /
   Salgo para Quito el lunes. /
5. ¿Te gusta más escribir o llamar por teléfono? (llamar por teléfono) /
   Me gusta más llamar por teléfono. /
6. ¿Las botas son para ti? (sí) /
   Sí, son para mí. /
7. ¿Tu amigo no va contigo por no tener dinero o por no tener tiempo? (dinero) /
   No va conmigo por no tener dinero. /
8. ¿Los muchachos salieron por la ventana o por la puerta? (la puerta) /
   Salieron por la puerta. /

5. Weather expressions

Modelo —¿En Chicago hace mucho viento? /
—*Sí, hace mucho viento. /*

1. ¿En Denver nieva mucho en el invierno? /
   Sí, nieva mucho. /
2. ¿En Phoenix hace frío en el verano? /
   No, no hace frío. /
3. ¿En Alaska hace calor en el invierno? /
   No, no hace calor. /
4. ¿En Oregón llueve frecuentemente? /
   Sí, llueve frecuentemente. /
5. ¿Generalmente, hace buen tiempo en Los Ángeles? /
   Sí, generalmente hace buen tiempo. /

6. The preterit contrasted with the imperfect

Modelo —¿En qué idioma te hablaban tus padres? (en inglés) /
—*Me hablaban en inglés. /*

1. ¿Dónde vivían Uds. cuando eran chicos? (en Guayaquil) /
   Vivíamos en Guayaquil. /
2. ¿Adónde iban de vacaciones? (a Cuzco) /
   Íbamos a Cuzco. /
3. ¿Tú veías a tus abuelos frecuentemente? (no) /
   No, no veía a mis abuelos frecuentemente. /
4. ¿Qué te gustaba comer cuando tenías doce años? (pizza) /
   Me gustaba comer pizza. /
5. ¿Adónde fuiste ayer? (a la tienda) /
   Fui a la tienda. /
6. ¿Qué compraste? (un par de zapatos) /
   Compré un par de zapatos. /
7. ¿Quién hizo la comida en tu casa anoche? (mi mamá) /
   Mi mamá hizo la comida. /

8. ¿Qué hora era cuando tú llegaste a clase ayer? (las ocho) /
Eran las ocho cuando llegué a clase ayer. /
9. ¿Qué estaba haciendo el profesor cuando llegaste? (escribiendo) /
Estaba escribiendo cuando llegué. /
10. ¿Qué les dijo el profesor ayer? (que teníamos un examen) /
Nos dijo que teníamos un examen. /

7. *Hace…* meaning *ago*

Modelo —¿Cuánto tiempo hace que tú llegaste? (veinte minutos) /
—Hace veinte minutos que llegué. /

1. ¿Cuánto tiempo hace que te levantaste? (dos horas) /
Hace dos horas que me levanté. /
2. ¿Cuánto tiempo hace que comiste? (una hora) /
Hace una hora que comí. /
3. ¿Cuánto tiempo hace que fuiste de vacaciones? (dos meses) /
Hace dos meses que fui de vacaciones. /
4. ¿Cuánto tiempo hace que empezaste a estudiar español? (un año) /
Hace un año que empecé a estudiar español. /
5. ¿Cuánto tiempo hace que Uds. tuvieron un examen? (tres días) /
Hace tres días que tuvimos un examen. /

8. Possessive pronouns

Modelo —Mis zapatos son negros. ¿Y los tuyos? (blancos) /
—Los míos son blancos. /

1. Mi camisa es roja. ¿Y la tuya? (azul) /
La mía es azul. /
2. Mi pantalón está aquí. ¿Y el de Jorge? (allí) /
El suyo está allí. /
3. Mis botas son marrones. ¿Y las tuyas? (negras) /
Las mías son negras. /
4. Las corbatas de Carlos son caras. ¿Y las de ustedes? (baratas) /
Las nuestras son baratas. /
5. Las sandalias de Ana están aquí. ¿Y las mías? (en tu casa) /
Las tuyas están en tu casa. /

DÍGANOS

9. Más preguntas

Modelo —¿Cuánto tiempo hace que Ud. llegó a la universidad? (dos horas) /
—Hace dos horas que llegué a la universidad. /

1. ¿Qué necesitas comprar? (un par de botas) /
Necesito comprar un par de botas. /
2. ¿Te pruebas la ropa antes de comprarla? (sí, siempre) /
Sí, siempre me pruebo la ropa antes de comprarla. /
3. ¿Dónde vivías cuando tenías diez años? (en California) /
Vivía en California. /
4. ¿Qué talla usas? (mediana) /
Uso talla mediana. /
5. ¿Qué número calzas? (el número diez) /
Calzo el número diez. /
6. ¿Compraste un regalo para tu papá o para tu mamá? (para mi mamá) /
Compré un regalo para mi mamá. /
7. ¿Trajiste tus libros o los dejaste en tu casa? (en mi casa) /
Los dejé en mi casa. /
8. Mis zapatos son negros. ¿De qué color son los tuyos? (negros también) /
Los míos son negros también. /
9. ¿Qué hora era cuando saliste de tu casa? (las siete) /
Eran las siete cuando salí de mi casa. /
10. ¿Qué le dijiste a tu mamá? (que necesitaba ropa) /
Le dije que necesitaba ropa. /

EJERCICIOS DE COMPRENSIÓN

10. Tres opciones

1. **a.** Isabel usa talla cinco. /
b. Isabel calza el número cinco. /
c. Isabel se puso un abrigo. /
The answer is a: ***Isabel usa talla cinco.*** /
2. **a.** Luz fue a la panadería. /
b. Luz fue a la pescadería. /
c. Luz fue a la zapatería. /
The answer is c: ***Luz fue a la zapatería.*** /
3. **a.** Carlos quería comprar una chaqueta. /
b. Carlos quería comprar pantalones. /
c. Carlos quería comprar una camisa. /
The answer is b: ***Carlos quería comprar pantalones.*** /
4. **a.** Carmen decidió comprar blusas. /
b. Carmen decidió comprar faldas. /
c. Carmen decidió comprar vestidos. /
The answer is b: ***Carmen decidió comprar faldas.*** /
5. **a.** Las sandalias le van a quedar grandes. /
b. Las sandalias le van a quedar bien. /
c. Las sandalias le van a quedar chicas. /
The answer is c: ***Las sandalias le van a quedar chicas.*** /
6. **a.** Jorge estaba en el probador. /
b. Jorge estaba en la facultad. /
c. Jorge estaba en la biblioteca. /
The answer is a: ***Jorge estaba en el probador.*** /

11. ¿Lógico o ilógico?

1. Voy a ir a la panadería porque necesito ropa. /
Ilógico /
2. Me voy a probar estos pantalones en el probador. /
Lógico /

3. Esteban es muy gordo; usa talla mediana. /
   Ilógico /
4. Quiero una falda de mangas largas. /
   Ilógico /
5. Sergio va a una fiesta muy elegante. Se va a poner traje y corbata. /
   Lógico /
6. Ya empezó el invierno. Voy a comprar una chaqueta. /
   Lógico /
7. Voy a gastar mucho dinero. Todo cuesta un ojo de la cara. /
   Lógico /
8. Es el aniversario de bodas de mis padres. Les voy a comprar un regalo. /
   Lógico /
9. Compré unas botas de oro. /
   Ilógico /
10. Los zapatos me quedan grandes; me aprietan mucho. /
    Ilógico /

12. Diálogo

LUCÍA ¿Adónde fuiste ayer, Mirta?
MIRTA Fui a la tienda para comprar el regalo para Julia.
LUCÍA ¿Qué le compraste? Ella me dijo que necesitaba una blusa.
MIRTA Sí, pero yo le compré unos aretes.
LUCÍA Ah, ¿cuándo sale ella para Buenos Aires?
MIRTA Mañana por la mañana. Va a estar allí por un mes.
LUCÍA Ella vivía en Buenos Aires cuando era chica, ¿no?
MIRTA Sí, pero cuando tenía quince años vino a vivir aquí.
LUCÍA ¡Ay, está lloviendo y yo no traje mi paraguas!
MIRTA Bueno, Lucía, si quieres, te presto el mío.
LUCÍA ¡Gracias!

Preguntas

1. ¿Adónde fue Mirta ayer? /
   Fue a la tienda. /
2. ¿Para quién es el regalo que compró? /
   Es para Julia. /
3. ¿Qué necesita Julia? /
   Necesita una blusa. /
4. ¿Qué le compró Mirta? /
   Le compró unos aretes. /
5. ¿Cuándo sale Julia para Buenos Aires? /
   Sale mañana por la mañana. /
6. ¿Por cuánto tiempo va a estar allí? /
   Va a estar allí por un mes. /
7. ¿Dónde vivía Julia cuando era chica? /
   Vivía en Buenos Aires. /
8. ¿Cuántos años tenía cuando vino a vivir aquí? /
   Tenía quince años. /
9. ¿Por qué necesita Lucía un paraguas? /
   Porque está lloviendo. /
10. ¿Qué dice Mirta? /
    Dice que ella le presta el suyo. /

PARA ESCUCHAR Y ESCRIBIR

13. Oraciones

1. Se conocieron en la Facultad de Medicina hace dos años. /
2. ¿Por qué no te pruebas estos pantalones? /
3. Todo esto me va a costar un ojo de la cara. /
4. Creo que calzo el número cuarenta y cuatro. /
5. Te hago un gran favor invitándote a cenar. /

LECCIÓN 10

Listening Activities

PRONUNCIACIÓN

1. Entonación

1. Acuérdese de que es un día feriado. /
2. El carro es de cambios mecánicos. /
3. Todavía no hay mucho tráfico. /
4. Por desgracia, dejó su celular en su casa. /
5. Tomó un colectivo para ir al correo. /

DIÁLOGOS

2. Daniel hace diligencias

Diálogo 1

(Narrator) *Daniel Muñoz se ha levantado muy temprano y ha hecho una lista muy larga de las cosas que tiene que hacer. Sube a su auto y va al taller de mecánica. Es temprano, de modo que todavía no hay mucho tráfico en las calles de Lima.*

Con el mecánico

DANIEL Revise los frenos, por favor; no funcionan bien. ¡Ah! Creo que tengo una llanta pinchada... Probablemente necesito un acumulador nuevo... y quiero cambiar el limpiaparabrisas.
EL MECÁNICO Muy bien, señor.

(Narrator) *Más tarde...*

EL MECÁNICO Voy a necesitar piezas de repuesto para arreglar su carro, señor. Tiene muchos problemas.

DANIEL — Sí, se descompone a menudo.
EL MECÁNICO — ¿Ha pensado en comprar un auto nuevo?
DANIEL — ¡Muchas veces! ¡Pero cuestan un ojo de la cara! ¿Puede arreglar el auto para el lunes? El taller está abierto, ¿no?
EL MECÁNICO — No, señor. Está cerrado. Acuérdese de que es un día feriado.

Diálogo 2

(Narrator) *Daniel trata de llamar a su esposa, pero, por desgracia, dejó su celular en su casa. Toma un taxi para ir al banco. En el banco, Daniel habla con un empleado bancario.*

En el banco

DANIEL — Quiero depositar este cheque en mi cuenta de ahorros y abrir una cuenta corriente.
EMPLEADO — ¿Quiere abrir una cuenta individual o conjunta?
DANIEL — Una cuenta conjunta, con mi esposa.
EMPLEADO — Llene esta planilla, féchela y fírmela. Su esposa debe firmarla también.
DANIEL — Muy bien. ¡Ah! Quiero hablar con el gerente para pedir un préstamo.
EMPLEADO — Espere un momento, por favor.

Diálogo 3

(Narrator) *Daniel salió del banco. No consiguió el préstamo, de modo que no va a poder comprar un auto nuevo. Tomó un colectivo para ir al correo para comprar estampillas, y después fue a la tintorería.*

Llegó a su casa al mediodía y Eva, su esposa, le dijo que Danielito, su hijo de cuatro años, había escondido su teléfono celular.

DANIEL — ¿Danielito escondió mi celular? ¡No puedo creerlo! Bueno... Vamos a almorzar...
EVA — Este... Hemos estado buscando tu celular... No he tenido tiempo de preparar nada para el almuerzo...

3. Preguntas y respuestas

1. Daniel se ha levantado muy temprano o muy tarde? /
   Muy temprano. /
2. ¿Daniel ha hecho una lista muy larga o muy corta? /
   Muy larga. /
3. ¿El carro es de cambios mecánicos o es automático? /
   Es de cambios mecánicos. /
4. ¿Los frenos funcionan bien o no funcionan bien? /
   No funcionan bien. /
5. ¿El carro necesita un acumulador nuevo o no necesita un acumulador nuevo? /
   Necesita un acumulador nuevo. /
6. ¿Un auto nuevo cuesta un ojo de la cara o es barato? /
   Cuesta un ojo de la cara. /
7. ¿El lunes es un día feriado o es un día de trabajo? /
   Es un día feriado. /
8. ¿Daniel quiere depositar un cheque en una cuenta corriente o en su cuenta de ahorros? /
   En su cuenta de ahorros. /
9. ¿Daniel quiere hablar con el gerente o con un empleado? /
   Con el gerente. /
10. ¿Daniel consiguió el préstamo o no consiguió el préstamo? /
    No consiguió el préstamo. /
11. ¿Daniel tomó un colectivo o fue en su auto? /
    Tomó un colectivo. /
12. ¿Eva escondió el teléfono celular o Danielito escondió el celular? /
    Danielito escondió el teléfono celular. /

PUNTOS PARA RECORDAR

4. Past participles

Modelo —¿Firmaron la planilla? /
—*Sí, está firmada.* /

1. ¿Cerraron la puerta? /
   Sí, está cerrada. /
2. ¿Abrieron las cuentas? /
   Sí, están abiertas. /
3. ¿Escribieron la carta en español? /
   Sí, está escrita en español. /
4. ¿Hicieron el depósito? /
   Sí, está hecho. /
5. ¿Rompieron los vasos? /
   Sí, están rotos. /
6. ¿Se acostaron los chicos? /
   Sí, están acostados. /
7. ¿Sirvieron la cena? /
   Sí, está servida. /
8. ¿Arreglaron los frenos? /
   Sí, están arreglados. /

5. Present perfect tense

Modelo —¿Va a cerrar Ud. la puerta? /
—*Ya la he cerrado.* /

1. ¿Vas a fechar la planilla? /
   Ya la he fechado. /
2. ¿Van a llevar Uds. los cheques al banco? /
   Ya los hemos llevado. /
3. ¿Va a traer él las estampillas? /
   Ya las ha traído. /

4. ¿Van a ir ellos a la oficina de correos? /
   Ya han ido. /
5. ¿Vas a abrir la cuenta? /
   Ya la he abierto. /

6. Past perfect tense

Modelo Él cobró el cheque /
Él había cobrado el cheque. /

1. Sacaron dinero del banco. /
   Habían sacado dinero del banco. /
2. Trajeron los sellos. /
   Habían traído los sellos. /
3. Fuiste al correo. /
   Habías ido al correo. /
4. Llenó la planilla. /
   Había llenado la planilla. /
5. Deposité el dinero. /
   Había depositado el dinero. /
6. Abrimos la cuenta. /
   Habíamos abierto la cuenta. /

7. Formal commands: *Ud.* and *Uds.*

Modelo Debe traerlo. /
Tráigalo. /

1. Debe ponerlo aquí. /
   Póngalo aquí. /
2. No debe comprarlo hoy. /
   No lo compre hoy. /
3. Deben hablarle en inglés. /
   Háblenle en inglés. /
4. Debe levantarse temprano. /
   Levántese temprano. /
5. Deben llevarlo al banco. /
   Llévenlo al banco. /
6. Deben hacer el depósito. /
   Hagan el depósito. /
7. No debe darles las planillas. /
   No les dé las planillas. /
8. Deben pedir un préstamo. /
   Pidan un préstamo. /
9. Debe ir a la tintorería. /
   Vaya a la tintorería. /
10. No deben sentarse aquí. /
    No se sienten aquí. /

DÍGANOS

8. Más preguntas

Modelo —¿En qué banco tiene Ud. su dinero? (Banco de Asunción) /
—Tengo mi dinero en el Banco de Asunción. /

1. ¿Ha abierto Ud. una cuenta? (no) /
   No, no he abierto una cuenta. /
2. ¿Recuerda Ud. el número de su cuenta? (no) /
   No, no recuerdo el número de mi cuenta. /
3. Cuando Ud. va al banco, ¿siempre tiene que esperar mucho? (sí) /
   Sí, cuando voy al banco siempre tengo que esperar mucho. /
4. ¿Tiene Ud. su talonario de cheques con Ud.? (sí, siempre) /
   Sí, siempre tengo mi talonario de cheques conmigo. /
5. ¿Tiene Ud. una cuenta conjunta? (sí, con mi hermano) /
   Sí, tengo una cuenta conjunta con mi hermano. /
6. ¿Sabe Ud. el saldo de su cuenta? (sí) /
   Sí, sé el saldo de mi cuenta. /
7. ¿Ud. había solicitado un préstamo? (sí) /
   Sí, había solicitado un préstamo. /
8. ¿Manda Ud. muchos correos electrónicos? (no) /
   No, no mando muchos correos electrónicos. /
9. ¿Ud. siempre lleva su ropa a la tintorería? (sí) /
   Sí, siempre llevo mi ropa a la tintorería. /
10. ¿Ha pedido Ud. un préstamo recientemente? (no) /
    No, no he pedido un préstamo recientemente. /

EJERCICIOS DE COMPRENSIÓN

9. Tres opciones

1. a. El banco abre a las ocho. /
   b. El banco está cerrado. /
   c. Son las diez y media. /
   The answer is b: ***El banco está cerrado. /***
2. a. Luisa necesita su talonario de cheques. /
   b. Luisa está en el banco, hablando con el empleado. /
   c. Luisa está en la oficina de correos. /
   The answer is b: ***Luisa está en el banco, hablando con el empleado. /***
3. a. Olga no encuentra las estampillas. /
   b. Olga quiere el dinero en efectivo. /
   c. Olga no recuerda el número de su cuenta. /
   The answer is c: ***Olga no recuerda el número de su cuenta. /***
4. a. El señor Vera necesita tres estampillas. /
   b. El señor Vera quiere abrir una cuenta de ahorros. /
   c. El señor Vera está en el banco. /
   The answer is a: ***El señor Vera necesita tres estampillas. /***
5. a. Gerardo ha decidido mandar dinero. /
   b. Gerardo ha decidido mandar una carta. /
   c. Gerardo ha decidido mandar una tarjeta postal. /
   The answer is c: ***Gerardo ha decidido mandar una tarjeta postal. /***
6. a. Ada ha pedido un préstamo. /
   b. Ada ha enviado una carta. /
   c. Ada ha abierto una cuenta. /
   The answer is b: ***Ada ha enviado una carta. /***

10. **¿Lógico o ilógico?**
   1. He ido a la oficina de correos para pedir un préstamo. / *Ilógico* /
   2. Ha tenido que esperar mucho porque hoy no hay nadie en el banco. / *Ilógico* /
   3. No puedo ir al club contigo porque tengo que hacer muchas diligencias. / *Lógico* /
   4. En el banco pagan un interés del 150 por ciento. / *Ilógico* /
   5. Voy al banco para mandar estas cartas. / *Ilógico.* /
   6. Necesito estampillas para enviar estas tarjetas postales. / *Lógico* /
   7. Voy a depositar 1.000 dólares en mi cuenta corriente. / *Lógico* /
   8. Tengo que firmar el cheque para poder cobrarlo. / *Lógico* /
   9. Si hay muchas personas en el banco, tenemos que esperar mucho. / *Lógico* /
   10. Tengo mucho dinero en el banco. El saldo de mi cuenta es de diez dólares. / *Ilógico* /

11. **Diálogo**

SRTA. DÍAZ	Quiero cobrar este cheque.
CAJERO	Primero debe firmar el cheque. ¿Cómo quiere el dinero?
SRTA. DÍAZ	En efectivo.
CAJERO	Muy bien. ¿Tiene el número de su cuenta?
SRTA. DÍAZ	No, no lo tengo y no lo recuerdo.
CAJERO	Yo puedo buscarlo en la computadora.
SRTA. DÍAZ	Necesito saber el saldo de mi cuenta de ahorros.
CAJERO	Un momento, por favor. Tiene 1.500 guaraníes.
SRTA. DÍAZ	Ah, yo quiero solicitar un préstamo.
CAJERO	Tiene que hablar con el Sr. Acosta, señorita.

Preguntas
1. ¿Qué quiere hacer la señorita Díaz? / *Quiere cobrar un cheque.* /
2. ¿Qué debe hacer primero? / *Debe firmar el cheque.* /
3. ¿Cómo quiere la señorita Díaz el dinero? / *Lo quiere en efectivo.* /
4. ¿Ella tiene el número de su cuenta? / *No, no lo tiene.* /
5. ¿Recuerda el número de la cuenta? / *No, no lo recuerda.* /
6. ¿Qué puede hacer el cajero? / *Puede buscar el número en la computadora.* /
7. ¿Qué necesita saber la señorita Díaz? / *Necesita saber el saldo de su cuenta de ahorros.* /
8. ¿Cuánto dinero tiene ella en su cuenta de ahorros? / *Tiene 1.500 guaraníes.* /
9. ¿Qué quiere solicitar la señorita Díaz? / *Quiere solicitar un préstamo.* /
10. ¿Con quién debe hablar para solicitar el préstamo? / *Debe hablar con el Sr. Acosta.* /

PARA ESCUCHAR Y ESCRIBIR

12. **Oraciones**
   1. Daniel se ha levantado muy temprano. /
   2. Creo que tengo una llanta pinchada. /
   3. Voy a necesitar piezas de repuesto. /
   4. Quiero abrir una cuenta conjunta. /
   5. No he tenido tiempo de preparar el almuerzo. /

LECCIÓN 11

Listening Activities

PRONUNCIACIÓN

1. **Entonación**
   1. Quiere pasar un mes en Viña del Mar. /
   2. Tenemos que ir a la agencia de viajes. /
   3. Yo te sugiero que lo averigües. /
   4. Hay paquetes que incluyen algunas excursiones. /
   5. Tiene que pagar exceso de equipaje. /

DIÁLOGOS

2. **De vacaciones**

Diálogo 1

(Narrator) *Héctor Rivas y su esposa, Sofía Vargas, viven en Santiago, la capital de Chile. Ahora están planeando sus vacaciones de verano. No pueden ponerse de acuerdo porque ella quiere pasar un mes en Viña del Mar, y él quiere ir a Buenos Aires y a Mar del Plata.*

HÉCTOR	Espero que hoy podamos decidir lo que vamos a hacer, porque tenemos que ir a comprar los pasajes.
SOFÍA	Yo te sugiero que averigües lo que cuestan dos pasajes de ida y vuelta a Buenos Aires, por avión. Podemos ahorrar dinero si vamos a Viña del Mar en coche... Además, puedo llevar mi computadora portátil y trabajar un poco.

HÉCTOR ¡No quiero que trabajes durante nuestras vacaciones! Sofía... ¡hemos estado en Viña del Mar muchas veces! ¡Estoy empezando a cansarme de hacer siempre lo mismo!

SOFÍA ¡Y yo temo que el viaje a Buenos Aires nos cueste mucho dinero!

HÉCTOR Yo busqué información en Internet. Hay paquetes que incluyen vuelo directo a Buenos Aires, hotel y algunas excursiones.

SOFÍA Siento no poder compartir tu entusiasmo, querido, pero viajar a otro país es complicado... Necesitamos pasaporte...

HÉCTOR Eso no es problema. Un momento... ¿Es porque no quieres viajar en avión?

SOFÍA Bueno... en parte... un poco.

HÉCTOR ¡Pero, mi amor! Solo necesitas que tu médico te dé alguna pastilla para los nervios.

SOFÍA Temo que eso no me ayude mucho... ¡Yo necesito dormir durante todo el viaje!

Diálogo 2

(Narrator) *Por fin, Héctor convenció a Sofía, y ella decidió ir a Buenos Aires en avión. El día del viaje, hablan con el agente de la aerolínea en el aeropuerto.*

AGENTE ¿Qué asientos desean? ¿De ventanilla o de pasillo?

HÉCTOR Dos asientos juntos.

SOFÍA Cerca de la salida de emergencia.

HÉCTOR El avión no hace escala, ¿verdad?

AGENTE No, señor. Es un vuelo directo. ¿Cuántas maletas tienen?

SOFÍA Cinco maletas y dos bolsos de mano.

AGENTE Tienen que pagar exceso de equipaje.

HÉCTOR Pero, Sofía, ¿has puesto toda nuestra ropa en las maletas?

SOFÍA ¡Es que no sabía qué llevar!

AGENTE La puerta de salida es la número tres. ¡Buen viaje!

"Última llamada para los pasajeros del vuelo 340 a Buenos Aires. Suban al avión, por favor."

(Narrator) *Héctor y Sofía le dan las tarjetas de embarque a la auxiliar de vuelo, suben al avión y ponen los bolsos de mano en el compartimiento de equipajes. Los asientos están en la fila 4.*

SOFÍA Tenemos que abrocharnos el cinturón de seguridad. ¡Espero que el piloto tenga mucha experiencia! ¡Y que no tenga sueño! ¡Ojalá que no esté enfermo!

HÉCTOR Querida... ¡te sugiero que tomes otra pastilla ahora mismo!

3. Preguntas y respuestas

1. ¿Santiago es la capital de Chile o de Argentina? /
   Es la capital de Chile. /
2. ¿Sofía quiere ir a Buenos Aires o a Viña del Mar? /
   Quiere ir a Viña del Mar. /
3. ¿Sofía quiere saber lo que cuestan los pasajes o lo que cuesta el hotel? /
   Quiere saber lo que cuestan los pasajes. /
4. ¿Sofía prefiere viajar en avión o en coche? /
   Prefiere viajar en coche. /
5. ¿A Héctor le gusta o no le gusta hacer siempre lo mismo? /
   No le gusta hacer siempre lo mismo. /
6. ¿Sofía teme que el viaje a Buenos Aires les cueste mucho dinero o que sea muy largo? /
   Teme que les cueste mucho dinero. /
7. ¿Héctor convenció a Sofía o Sofía convenció a Héctor? /
   Héctor convenció a Sofía. /
8. ¿Sofía decidió ir a Buenos Aires o a Viña del Mar? /
   Decidió ir a Buenos Aires. /
9. ¿Sofía quiere sentarse cerca de la salida de emergencia o cerca del baño? /
   Quiere sentarse cerca de la salida de emergencia. /
10. ¿Sofía y Héctor llevan cinco bolsos de mano o cinco maletas? /
    Llevan cinco maletas. /
11. ¿La puerta de salida es la número tres o la número trece? /
    Es la número tres. /
12. ¿Sofía espera que el piloto tenga experiencia o que la auxiliar de vuelo tenga experiencia? /
    Espera que el piloto tenga experiencia. /

PUNTOS PARA RECORDAR

4. The subjunctive mood

Modelo —¿Qué quieres tú que yo haga? (hablar con el agente) /
—Quiero que hables con el agente. /

1. ¿Qué quieren Uds. que nosotros hagamos? (ir a la agencia) /
   Queremos que vayan a la agencia. /
2. ¿Qué quiere tu tía que ella haga? (comprar los pasajes) /
   Quiere que compre los pasajes. /

3. ¿Qué les aconseja el agente que hagan Uds.? (ir a Santiago) /
   Nos aconseja que vayamos a Santiago. /
4. ¿Qué te pide tu amigo que hagas? (llevarlo al banco) /
   Me pide que lo lleve al banco. /
5. ¿Qué me sugieres tú que yo haga? (viajar en avión) /
   Te sugiero que viajes en avión. /
6. ¿Qué nos recomiendan Uds. que hagamos? (buscar información) /
   Les recomendamos que busquen información. /
7. ¿Qué quieren tus padres que tú hagas? (volver temprano) /
   Quieren que vuelva temprano. /
8. ¿Qué le sugieres tú a tu amigo que haga? (pedir un préstamo) /
   Le sugiero que pida un préstamo. /
9. ¿Qué necesitan Uds. que haga el Sr. Alba? (conseguir los billetes) /
   Necesitamos que consiga los billetes. /
10. ¿Qué quieres tú que nosotros hagamos? (llamar a la agencia) /
    Quiero que llamen a la agencia. /

5. Subjunctive with verbs of volition

Modelo Yo quiero ir a Chile. /
Eva no quiere que yo vaya a Chile. /

1. Tú quieres cobrar el cheque. /
   Eva no quiere que tú cobres el cheque. /
2. Julio quiere viajar hoy. /
   Eva no quiere que Julio viaje hoy. /
3. Tú quieres llevar dos maletas. /
   Eva no quiere que tú lleves dos maletas. /
4. Ellos quieren hablar con el piloto. /
   Eva no quiere que ellos hablen con el piloto. /
5. Yo quiero pedirle dinero a papá. /
   Eva no quiere que yo le pida dinero a papá. /
6. Nosotros queremos darle nuestra dirección. /
   Eva no quiere que nosotros le demos nuestra dirección. /

6. Subjunctive with verbs of emotion I

Modelo Me alegro de estar aquí. (de que tú) /
Me alegro de que tú estés aquí. /

1. Espero poder venir mañana. (que ellos) /
   Espero que ellos puedan venir mañana. /
2. Siento estar cansado. (que tú) /
   Siento que tú estés cansado. /
3. Temo no tener tiempo hoy. (que nosotros) /
   Temo que nosotros no tengamos tiempo hoy. /
4. Me alegro de verlos. (que Rosa) /
   Me alegro de que Rosa los vea. /
5. Siento tener que trabajar hoy. (que Uds.) /
   Siento que ustedes tengan que trabajar hoy. /
6. Espero terminar mañana. (que Ud.) /
   Espero que Ud. termine mañana. /

7. Subjunctive with verbs of emotion II

Modelo Ernesto no viene hoy. (Siento) /
Siento que Ernesto no venga hoy. /

1. Carlos viene hoy. (Espero) /
   Espero que Carlos venga hoy. /
2. Ellos no están aquí. (Sentimos) /
   Sentimos que ellos no estén aquí. /
3. Hoy llueve. (Temo) /
   Temo que hoy llueva. /
4. Nosotros podemos llevarlo al aeropuerto. (Me alegro) /
   Me alegro de que nosotros podamos llevarlo al aeropuerto. /
5. Tú tienes que trabajar. (Sentimos) /
   Sentimos que tú tengas que trabajar. /
6. Tengo un problema. (Él teme) /
   Él teme que yo tenga un problema. /

8. Prepositions *a, de,* and *en*

Modelo —¿A qué hora llegaron al aeropuerto? (a las ocho) /
—Llegaron a las ocho. /

1. ¿Cuándo llegas a tu casa? (el lunes) /
   Llego a mi casa el lunes. /
2. ¿Llegas a las tres de la mañana o a las tres de la tarde? (a las tres de la tarde) /
   Llego a las tres de la tarde. /
3. ¿Empiezas a trabajar en la agencia en junio o en julio? (en julio) /
   Empiezo a trabajar en la agencia en julio. /
4. ¿Vas a viajar en tren o en avión? (en avión) /
   Voy a viajar en avión. /
5. ¿A quién vas a llamar esta tarde? (a mi cuñado) /
   Voy a llamar a mi cuñado. /
6. ¿De qué le vas a hablar? (del viaje) /
   Le voy a hablar del viaje. /

DÍGANOS

9. Más preguntas

Modelo —Cuando Ud. se siente mal, ¿qué le aconsejan sus amigos que haga? (ir al médico) /
—Me aconsejan que vaya al médico. /

1. ¿Con quién no puede Ud. ponerse de acuerdo? (con mi hermano) /
   No puedo ponerme de acuerdo con mi hermano. /
2. ¿Adónde me sugiere Ud. que vaya de vacaciones? (a Buenos Aires) /
   Le sugiero que vaya a Buenos Aires. /
3. ¿Dónde compró Ud. los pasajes? (en una agencia de viajes) /
   Compré los pasajes en una agencia de viajes. /
4. ¿Ha estado Ud. en Viña del Mar? (no, nunca) /
   No, nunca he estado en Viña del Mar. /
5. ¿Dónde buscó Ud. la información? (en la Internet) /
   Busqué la información en la Internet. /

6. ¿Cómo me aconseja Ud. que viaje? (en avión) /
Le aconsejo que viaje en avión. /
7. ¿Qué nos sugiere Ud. que tomemos? (pastillas para los nervios) /
Les sugiero que tomen pastillas para los nervios. /
8. ¿Qué asiento me sugiere Ud. que pida? (un asiento de pasillo) /
Le sugiero que pida un asiento de pasillo. /
9. ¿Cuántas maletas lleva Ud. cuando viaja? (dos) /
Llevo dos maletas cuando viajo. /
10. ¿Qué le dio Ud. a la auxiliar de vuelo? (la tarjeta de embarque) /
Le di la tarjeta de embarque. /

EJERCICIOS DE COMPRENSIÓN

10. Tres opciones

1. **a.** Pedro compró un pasaje de ida y vuelta. /
b. Pedro compró un pasaje de ida. /
c. Pedro compró un pasaje para Santiago. /
The answer is a: ***Pedro compró un pasaje de ida y vuelta.*** /
2. **a.** Luisa está en el aeropuerto. /
b. Luisa está en la agencia de viajes. /
c. Luisa está en la puerta de salida. /
The answer is b: ***Luisa está en la agencia de viajes.*** /
3. **a.** Luisa lleva una maleta. /
b. Luisa lleva un bolso de mano. /
c. Luisa lleva una billetera. /
The answer is a: ***Luisa lleva una maleta.*** /
4. **a.** Paula no tiene que pagar exceso de equipaje. /
b. Paula no tiene equipaje. /
c. Paula tiene que pagar exceso de equipaje. /
The answer is c: ***Paula tiene que pagar exceso de equipaje.*** /
5. **a.** Los pasajeros bajan del avión. /
b. Los pasajeros suben al avión. /
c. Los pasajeros están en el avión. /
The answer is b: ***Los pasajeros suben al avión.*** /
6. **a.** Mario decide no viajar. /
b. Mario tiene un asiento de pasillo. /
c. Mario tiene un asiento de ventanilla. /
The answer is c: ***Mario tiene un asiento de ventanilla.*** /

11. ¿Lógico o ilógico?

1. Los dos queremos ir a Chile. No podemos ponernos de acuerdo. /
Ilógico /
2. Van a ir a la agencia de viajes para comprar zapatos. /
Ilógico /
3. No sé cuánto cuesta el pasaje; lo voy a averiguar. /
Lógico /
4. Voy a Buenos Aires, pero no vuelvo. Necesito un pasaje de ida y vuelta. /
Ilógico /
5. A veces voy a Chile o a Perú y a veces voy a Buenos Aires, a Colombia o a México. /
Siempre hago lo mismo. /
Ilógico /
6. Podemos buscar información en la Internet. /
Lógico /
7. Muchos paquetes incluyen el pasaje y el hotel. /
Lógico /
8. Quiero pensarlo antes de tomar una decisión. /
Lógico /
9. El avión hace escala en Santiago; es un vuelo directo. /
Ilógico /
10. Le damos las tarjetas de embarque al auxiliar de vuelo. /
Lógico /

12. Diálogo

ALINA	Marcos, debes ir a la agencia de viajes a reservar los pasajes.
MARCOS	¿Prefieres ir a Mar del Plata o a Viña del Mar?
ALINA	No sé... Es difícil decidir.
MARCOS	Bueno, también voy a preguntar si hay vuelos los domingos.
ALINA	Y también necesitamos visa para viajar a Argentina o a Chile.
MARCOS	Pero Alina, ¿cómo voy a reservar los pasajes si no sabemos lo que vamos a hacer?
ALINA	Tienes razón, mi amor. Ah, tienes que llamar a tu mamá y preguntarle si puede prestarnos sus maletas.
MARCOS	No puedo llamarla ahora porque tengo que ir a la oficina. Tengo mucho trabajo.

Preguntas

1. ¿Para qué tiene que ir Marcos a la agencia de viajes? /
Tiene que reservar los pasajes. /
2. ¿Qué no puede decidir Alina? /
No puede decidir si prefiere ir a Mar del Plata o a Viña del Mar. /
3. ¿Qué va a preguntar Marcos? /
Va a preguntar si hay vuelos los domingos. /
4. ¿Por qué no puede Marcos reservar los pasajes? /
No puede reservar los pasajes porque no saben lo que van a hacer. /
5. ¿A quién tiene que llamar Marcos? /
Tiene que llamar a su mamá. /

6. ¿Qué tiene que preguntarle? / *Tiene que preguntarle si ella puede prestarles sus maletas.* /
7. ¿Por qué no puede llamarla ahora? / *No puede llamarla ahora porque tiene que ir a la oficina.* /
8. ¿Por qué tiene que ir a la oficina? / *Porque tiene mucho trabajo.* /

PARA ESCUCHAR Y ESCRIBIR

13. Oraciones

1. Yo te aconsejo que averigües lo que cuestan dos pasajes. /
2. No quiero que trabajes durante nuestras vacaciones. /
3. Hay paquetes que incluyen vuelo directo a Buenos Aires. /
4. Tienen que pagar exceso de equipaje. /
5. Le dan las tarjetas de embarque al auxiliar de vuelo. /

LECCIÓN 12

Listening Activities

PRONUNCIACIÓN

1. Entonación

1. Queremos un hotel que tenga aire acondicionado. /
2. Hay un montón de convenciones. /
3. ¿No ves que es un hotel de lujo? /
4. Tiene bañadera y ducha. /
5. ¡Ya estás planeando nuestras próximas vacaciones! /

DIÁLOGOS

2. ¿Dónde nos hospedamos?

Diálogo 1

(Narrator) *Estrella y Mariana, dos chicas peruanas, están de vacaciones en Montevideo.*

ESTRELLA Tenemos que encontrar un hotel que no sea muy caro y que quede cerca de la playa.

MARIANA ¡Estrella! ¡No hicimos reservaciones! ¡Y no hay ningún hotel que tenga habitaciones libres!

ESTRELLA No seas pesimista. A ver... queremos un hotel que tenga aire acondicionado, teléfono, televisor, servicio de habitación y, si es posible, vista al mar.

MARIANA ¡Qué optimista! Hay muchos hoteles que tienen todo eso, pero están llenos. Hay un montón de turistas y un montón de convenciones.

ESTRELLA ¡Espera! Ahí hay un hotel...

MARIANA Pero, dime una cosa: ¿No ves que es un hotel de lujo? Probablemente cobran cinco mil pesos por noche. Nosotras necesitamos uno que cobre mucho menos...

ESTRELLA Pero tú tienes una tarjeta de crédito, ¿no? Bueno, ven. Vamos a buscar un taxi que nos lleve a Pocitos. Allí va a haber hoteles más baratos...

MARIANA O una pensión. ¡Acuérdate de que las pensiones son más baratas...!

Diálogo 2

(Narrator) *Estrella y Mariana están hablando con el Sr. Ruiz, el dueño de la pensión.*

ESTRELLA ¿Tiene un cuarto libre para dos personas?

SR. RUIZ Sí, hay uno disponible en el segundo piso, con dos camas chicas. Cobramos 4 800 pesos por semana...

MARIANA ¿Eso incluye las comidas?

SR. RUIZ Sí, es pensión completa.

ESTRELLA ¿Los cuartos tienen baño privado y televisor?

SR. RUIZ No, señorita. Hay tres baños en el segundo piso. Tienen bañadera y ducha con agua caliente y fría... y hay un televisor en el comedor.

MARIANA *(A Estrella)* ¿Por qué no nos quedamos aquí? La pensión parece limpia y está en un lugar céntrico.

ESTRELLA ¿Hay alguna playa que esté cerca de aquí?

SR. RUIZ Sí, hay una a dos cuadras. ¡Ah!, señorita, necesito el número de su cédula de identidad.

MARIANA *(A Estrella)* ¡Uf! Estoy muy cansada. Ayúdame con las valijas, ¿quieres? Aquí no hay botones. Lo primero que voy a hacer es dormir un rato.

ESTRELLA Bueno, pero después te voy a mostrar unos folletos sobre Río y San Pablo.

MARIANA ¡Caramba! ¡Ya estás planeando nuestras próximas vacaciones!

3. **Preguntas y respuestas**
   1. ¿Estrella y Mariana viven en Montevideo o están de vacaciones en Montevideo? / *Están de vacaciones en Montevideo. /*
   2. ¿Estrella y Mariana quieren un hotel de lujo o un hotel que no sea muy caro? / *Quieren un hotel que no sea muy caro. /*
   3. ¿Estrella desea un hotel en el centro de la ciudad o cerca de la playa? / *Desea un hotel cerca de la playa. /*
   4. ¿Estrella es optimista o pesimista? / *Es optimista. /*
   5. ¿Hay muchos hoteles que tienen aire acondicionado o no hay ningún hotel que tenga aire acondicionado? / *Hay muchos hoteles que tienen aire acondicionado. /*
   6. ¿Estrella tiene una tarjeta de crédito o Mariana tiene una tarjeta de crédito? / *Mariana tiene una tarjeta de crédito. /*
   7. ¿El Sr. Ruiz es el dueño de la pensión o es un empleado de la pensión? / *Es el dueño de la pensión. /*
   8. ¿En la pensión hay una habitación disponible o no hay ninguna habitación disponible? / *Hay una habitación disponible. /*
   9. ¿El precio no incluye las comidas o incluye las comidas? / *Incluye las comidas. /*
   10. ¿Los cuartos de la pensión tienen baño privado o no tienen baño privado? / *No tienen baño privado. /*
   11. ¿La pensión no está cerca de la playa o está cerca de la playa? / *Está cerca de la playa. /*
   12. ¿Estrella quiere ir a Río o quiere ir a Buenos Aires? / *Quiere ir a Río. /*

PUNTOS PARA RECORDAR

4. **Subjunctive to express indefiniteness and nonexistence**

   Modelo —¿Conoces a alguien que viaje a Uruguay este verano? (no) /
   —No, no conozco a nadie que viaje a Uruguay este verano. /

   1. ¿Hay alguien en tu familia que hable portugués? (no) / *No, no hay nadie en mi familia que hable portugués. /*
   2. ¿Conoces a alguien que trabaje en un hotel? (no) / *No, no conozco a nadie que trabaje en un hotel. /*
   3. ¿Hay alguien que quiera hospedarse en una pensión? (sí, un señor) / *Sí, hay un señor que quiere hospedarse en una pensión. /*
   4. ¿Hay algún vuelo que salga para Brasil el sábado? (sí, hay dos) / *Sí, hay dos vuelos que salen para Brasil el sábado. /*
   5. ¿Hay alguna excursión que incluya el hotel? (no) / *No, no hay ninguna excursión que incluya el hotel. /*
   6. ¿Conoces a alguien que viva en Montevideo? (sí, una chica) / *Sí, conozco a una chica que vive en Montevideo. /*

5. **Familiar commands: affirmative**

   Modelo —¿Traigo los folletos? /
   —Sí, tráelos. /

   1. ¿Reservo el cuarto? / *Sí, resérvalo. /*
   2. ¿Voy al hotel hoy? / *Sí, ve hoy. /*
   3. ¿Pido el dinero? / *Sí, pídelo. /*
   4. ¿Hago las reservaciones hoy? / *Sí, hazlas hoy. /*
   5. ¿Vuelvo más tarde? / *Sí, vuelve más tarde. /*
   6. ¿Vengo mañana? / *Sí, ven mañana. /*
   7. ¿Pongo las maletas aquí? / *Sí, ponlas aquí. /*
   8. ¿Mando el equipaje con el botones? / *Sí, mándalo con el botones. /*
   9. ¿Pregunto el precio del cuarto? / *Sí, pregúntalo. /*
   10. ¿Voy al jardín ahora? / *Sí, ve ahora. /*

6. **Familiar commands: negative**

   Modelo —¿Traigo las maletas? /
   —No, no las traigas. /

   1. ¿Doy la fiesta el sábado? / *No, no la des el sábado. /*
   2. ¿Digo algo? / *No, no digas nada. /*
   3. ¿Reservo el cuarto ahora? / *No, no lo reserves ahora. /*
   4. ¿Viajo esta semana? / *No, no viajes esta semana. /*
   5. ¿Voy a la pensión ahora? / *No, no vayas ahora. /*
   6. ¿Llamo un taxi? / *No, no llames un taxi. /*
   7. ¿Hablo con el dueño? / *No, no hables con el dueño. /*
   8. ¿Pongo el equipaje aquí? / *No, no lo pongas aquí. /*

7. **Verbs and prepositions**

   Modelo —¿Con quién se va a casar su amigo? (mi hermana) /
   —Se va a casar con mi hermana. /

1. ¿Con quién se comprometió su primo? (mi amiga) /
   Se comprometió con mi amiga. /
2. ¿Se olvidó Ud. de reservar los pasajes? (no) /
   No, no me olvidé de reservar los pasajes. /
3. ¿En quién confía Ud.? (mi mejor amigo) /
   Confío en mi mejor amigo. /
4. ¿Ud. insiste en viajar en primera clase? (no) /
   No, no insisto en viajar en primera clase. /
5. ¿En qué convinieron Ud. y sus amigos? (en ir a Montevideo) /
   Convinimos en ir a Montevideo. /
6. ¿A qué hora entraron Uds. en la pensión? (a las dos) /
   Entramos en la pensión a las dos. /
7. ¿Se acordó Ud. de traer los folletos? (sí) /
   Sí, me acordé de traer los folletos. /
8. ¿Cuándo se dio Ud. cuenta de que necesitaba la cédula de identidad? (ayer) /
   Me di cuenta de que necesitaba la cédula de identidad ayer. /

8. Ordinal numbers

Modelo octubre /
Octubre es el décimo mes del año. /

1. febrero /
   Febrero es el segundo mes del año. /
2. julio /
   Julio es el séptimo mes del año. /
3. enero /
   Enero es el primer mes del año. /
4. mayo /
   Mayo es el quinto mes del año. /
5. septiembre /
   Septiembre es el noveno mes del año. /
6. marzo /
   Marzo es el tercer mes del año. /
7. junio /
   Junio es el sexto mes del año. /
8. abril /
   Abril es el cuarto mes del año. /
9. agosto /
   Agosto es el octavo mes del año. /

DÍGANOS

9. Más preguntas

Modelo —¿Hay alguna excursión que incluya el hotel? (sí, dos) /
—Sí, hay dos excursiones que incluyen el hotel. /

1. Cuando Ud. va a un hotel, ¿prefiere estar en el primer piso o en el décimo piso? (en el primer piso) /
   Prefiero estar en el primer piso. /
2. En un hotel, ¿Ud. prefiere una habitación con vista al jardín o con vista a la piscina? (a la piscina) /
   Prefiero una habitación con vista a la piscina. /
3. ¿Le gusta a Ud. nadar en el mar? (no, la piscina) /
   No, me gusta nadar en la piscina. /
4. Cuando Ud. está en un hotel, ¿a qué hora desocupa el cuarto? (a las doce) /
   Desocupo el cuarto a las doce. /
5. En un hotel, ¿paga Ud. con dinero? (no, tarjeta de crédito) /
   No, pago con tarjeta de crédito. /
6. ¿Su casa tiene aire acondicionado? (sí, y calefacción) /
   Sí, tiene aire acondicionado y calefacción. /
7. ¿Su baño tiene bañadera? (sí, y ducha) /
   Sí, tiene bañadera y ducha. /
8. ¿Ud. se baña con agua caliente o con agua fría? (con agua caliente) /
   Me baño con agua caliente. /
9. ¿Ud. tiene televisor en su cuarto? (no) /
   No, no tengo televisor en mi cuarto. /
10. ¿Llegó Ud. tarde o temprano a su casa ayer? (tarde) /
    Llegué tarde. /

EJERCICIOS DE COMPRENSIÓN

10. Tres opciones

1. a. El cuarto tiene una cama chica. /
   b. El cuarto no tiene cama. /
   c. El cuarto tiene una cama doble. /
   The answer is c: ***El cuarto tiene una cama doble. /***
2. a. El cuarto tiene vista al mar. /
   b. El cuarto tiene sofá-cama. /
   c. El cuarto tiene baño privado. /
   The answer is c: ***El cuarto tiene baño privado. /***
3. a. El botones lleva las maletas al cuarto. /
   b. El botones lleva las llaves al cuarto. /
   c. El botones lleva la comida al cuarto. /
   The answer is a: ***El botones lleva las maletas al cuarto. /***
4. a. El botones quiere que el señor Soto le dé las llaves. /
   b. El botones quiere que el señor Soto le dé una propina. /
   c. El botones quiere que el señor Soto le dé la bañadera. /
   The answer is b: ***El botones quiere que el señor Soto le dé una propina. /***
5. a. Miguel necesita aire acondicionado en el cuarto. /
   b. Miguel necesita calefacción en el cuarto. /
   c. Miguel necesita servicio de habitación. /
   The answer is b: ***Miguel necesita calefacción en el cuarto. /***
6. a. El baño tiene bañadera. /
   b. El baño tiene ducha. /
   c. El baño tiene ducha y bañadera. /
   The answer is a: ***El baño tiene bañadera. /***

11. **¿Lógico o ilógico?**
    1. El hotel no tiene habitaciones disponibles. Podemos conseguir una habitación ahora. / *Ilógico* /
    2. Es un hotel de lujo. Cobran 20 dólares por noche. / *Ilógico* /
    3. Tenemos que desocupar el cuarto al mediodía. / *Lógico* /
    4. El hotel no tiene servicio de habitación. Tenemos que comer en un restaurante. / *Lógico* /
    5. El botones lleva las maletas al cuarto. / *Lógico* /
    6. Necesito la llave para abrir la puerta. / *Lógico* /
    7. Vamos a apurarnos para llegar tarde. / *Ilógico* /
    8. Tienen pensión completa. No incluyen las comidas. / *Ilógico* /
    9. No hay ascensor. Tienen que subir por la escalera. / *Lógico* /
    10. Tenemos una habitación interior. Tiene vista a la playa. / *Ilógico* /

12. **Diálogo**

CÉSAR	Rocío, llama hoy al dueño de la pensión Saldívar y reserva un cuarto.
ROCÍO	No, César, no quiero hospedarme en una pensión; quiero ir a un buen hotel.
CÉSAR	Pero las pensiones incluyen la comida y tienen mejor precio.
ROCÍO	Es verdad que son más baratas, pero no hay ninguna que sea tan buena como un hotel.
CÉSAR	Bueno, la pensión Saldívar tiene aire acondicionado y la comida es buena.
ROCÍO	Pero yo quiero un cuarto con vista al mar y esa pensión no tiene vista al mar.
CÉSAR	Está bien. Vamos a un hotel. Ve a la agencia de viajes esta tarde y pide información sobre hoteles.

Preguntas
1. ¿A quién debe llamar Rocío hoy? / *Debe llamar al dueño de la pensión Saldívar.* /
2. ¿Para qué debe llamarlo? / *Debe llamarlo para reservar un cuarto.* /
3. ¿Dónde quiere hospedarse Rocío? / *Quiere hospedarse en un buen hotel.* /
4. ¿Qué incluyen las pensiones? / *Incluyen la comida.* /
5. ¿Las pensiones son más baratas o más caras que los hoteles? / *Son más baratas que los hoteles.* /
6. ¿Qué dice Rocío de las pensiones? / *Dice que no hay ninguna que sea tan buena como un hotel.* /
7. ¿Qué tiene la pensión Saldívar? / *Tiene aire acondicionado.* /
8. ¿Qué quiere Rocío? / *Quiere un cuarto con vista al mar.* /
9. ¿Adónde va a ir Rocío esta tarde? / *Va a ir a la agencia de viajes.* /
10. ¿Qué va a pedir? / *Va a pedir información sobre hoteles.* /

PARA ESCUCHAR Y ESCRIBIR

13. **Oraciones**
    1. Queremos un hotel que tenga servicio de habitación. /
    2. Probablemente cobran doscientos dólares por noche. /
    3. Hay uno disponible en el segundo piso. /
    4. La pensión está en un lugar céntrico. /
    5. Allí va a haber hoteles más baratos. /

LECCIÓN 13
Listening Activities

PRONUNCIACIÓN

1. **Entonación**
    1. Hay muchos pacientes en la sala de emergencia. /
    2. Mi coche chocó con un árbol. /
    3. Vamos a hacerle unas radiografías. /
    4. Va a limpiarle y desinfectarle la herida. /
    5. Creo que tengo apendicitis. /

DIÁLOGOS

2. **En un hospital de Madrid**

Diálogos

(Narrator) *Hoy, como siempre, hay muchos pacientes en la sala de emergencia, y siguen llegando más. El Dr. Mena atiende a varios de ellos, y piensa que va a ser un día muy largo.*

En este momento está hablando con un hombre que vino en una ambulancia y que los paramédicos acaban de traer en una camilla.

DR. MENA	¿Qué le pasó?
PACIENTE I	Mi coche chocó con un árbol y me golpeé el hombro.

DR. MENA ¿Perdió el conocimiento?
PACIENTE I Sí, por unos segundos... pero me duele mucho...
DR. MENA Bueno, la enfermera lo va a llevar a la sala de rayos X. Vamos a hacerle unas radiografías para ver si hay fractura.

(Narrator) *Ahora está hablando con una señora que trajo a su hijo. El niño se cayó en la escalera mecánica de una tienda y se lastimó.*

DR. MENA Estoy casi seguro de que es una torcedura, pero vamos a hacerle unas radiografías por si acaso.
MADRE Se cortó la pierna. ¿Va a necesitar puntos?
DR. MENA Dudo que necesite puntos, pero cuando venga la enfermera va a limpiarle y desinfectarle la herida. Además, le vamos a poner una inyección antitetánica.

(Narrator) *Ahora está hablando con un muchacho que tiene mucho dolor y náusea.*

PACIENTE II Me duele mucho, doctor. Yo creo que tengo apendicitis...
DR. MENA *(Lo revisa)* No creo que sea apendicitis, pero vamos a hacerle unos análisis.

(Narrator) *El Dr. Mena continuó atendiendo a otros pacientes en la sala de emergencia: a una niña que se quemó la mano y lloraba mucho; a una señora que se rompió una pierna y tiene que usar muletas; a un señor que tuvo una reacción alérgica y tiene la cara hinchada... Cuando volvió a su casa, se dio cuenta de que no había almorzado.*

SRA. MENA Cenemos temprano, porque hoy tenemos que ir a la escuela de los niños. ¡Ay! Estoy muy cansada. Descansemos un rato antes de que Paloma y Mario vuelvan de su clase de piano. ¿Qué tal fue tu día hoy?
DR. MENA Bueno... fue un día como cualquier otro... ¡en la sala de emergencia!

3. Preguntas y respuestas

1. ¿El Dr. Mena piensa que va a ser un día muy corto o un día muy largo? / *Piensa que va a ser un día muy largo. /*
2. ¿Uno de los pacientes chocó con un árbol o con otro coche? / *Chocó con un árbol. /*
3. ¿Se golpeó la cabeza o el hombro? / *Se golpeó el hombro. /*
4. ¿El niño se cayó en su casa o en una tienda? / *Se cayó en una tienda. /*
5. ¿El niño se cortó la pierna o el brazo? / *Se cortó la pierna. /*
6. ¿Al niño le van a poner una inyección antitetánica o una inyección de penicilina? / *Le van a poner una inyección antitetánica. /*
7. Un muchacho cree que tiene apendicitis. ¿Le van a hacer radiografías o análisis? / *Le van a hacer análisis. /*
8. ¿La niña se quemó el pie o la mano? / *Se quemó la mano. /*
9. El señor que tuvo la reacción alérgica, ¿tiene la cara hinchada o las manos hinchadas? / *Tiene la cara hinchada. /*
10. ¿El Dr. Mena no había desayunado o no había almorzado? / *No había almorzado. /*
11. ¿Paloma y Mario son los hijos o los padres del Dr. Mena? / *Son los hijos del Dr. Mena. /*
12. ¿Fue un día muy especial o un día como cualquier otro? / *Fue un día como cualquier otro. /*

PUNTOS PARA RECORDAR

4. Subjunctive to express doubt, disbelief, and denial

Modelo El médico está aquí. (No creo) / *No creo que el médico esté aquí /*

1. Hay muchos pacientes. (Dudo) / *Dudo que haya muchos pacientes. /*
2. Lo traen en una ambulancia. (No es verdad) / *No es verdad que lo traigan en una ambulancia. /*
3. Ellos son los pacientes. (Él niega) / *Él niega que ellos sean los pacientes. /*
4. Le van a hacer unas radiografías. (Estoy seguro) / *Estoy seguro de que le van a hacer unas radiografías. /*
5. Tenemos que ponerle una inyección. (No estoy seguro) / *No estoy seguro de que tengamos que ponerle una inyección. /*
6. Es una torcedura. (Es cierto) / *Es cierto que es una torcedura. /*
7. Necesita puntos. (Dudo) / *Dudo que necesite puntos. /*
8. Necesita usar muletas. (Creo) / *Creo que necesita usar muletas. /*
9. Sabe poner inyecciones. (Dudo) / *Dudo que sepa poner inyecciones. /*
10. Van a la sala de emergencia. (Es verdad) / *Es verdad que van a la sala de emergencia. /*

5. **Subjunctive with certain conjunctions**
Modelo Le hablo cuando lo veo. (le voy a hablar) /
Le voy a hablar cuando lo vea. /

1. Hablan con el médico cuando él llega. (Van a hablar) /
Van a hablar con el médico cuando él llegue. /
2. No hacen las radiografías hasta que él viene. (No van a hacer) /
No van a hacer las radiografías hasta que él venga. /
3. La llamo tan pronto como ellos salen. (La voy a llamar) /
La voy a llamar tan pronto como ellos salgan. /
4. Le damos la medicina cuando está la enfermera. (Le vamos a dar) /
Le vamos a dar la medicina cuando esté la enfermera. /
5. Siempre descansa en cuanto llega a su casa. (Va a descansar) /
Va a descansar en cuanto llegue a su casa. /
6. No compro nada hasta que él me da el dinero. (No voy a comprar) /
No voy a comprar nada hasta que él me dé el dinero. /

6. **First-person plural commands**
Modelo —¿Con quién hablamos? (con el dueño) /
—Hablemos con el dueño. /

1. ¿A qué restaurante vamos? (al restaurante Miramar) /
Vamos al restaurante Miramar. /
2. ¿Dónde nos sentamos? (cerca de la ventana) /
Sentémonos cerca de la ventana. /
3. ¿Qué comemos? (bistec con ensalada) /
Comamos bistec con ensalada. /
4. ¿Qué tomamos? (una botella de vino) /
Tomemos una botella de vino. /
5. ¿Qué pedimos de postre? (helado) /
Pidamos helado. /
6. ¿Cuánto le damos de propina al mozo? (diez dólares) /
Démosle diez dólares. /
7. ¿Vamos al cine después? (no) /
No, no vayamos al cine después. /
8. ¿A qué hora volvemos al hotel? (a las doce) /
Volvamos a las doce. /
9. ¿Nos acostamos en seguida? (no) /
No, no nos acostemos en seguida. /
10. ¿A qué hora nos levantamos mañana? (a las nueve) /
Levantémonos a las nueve. /

DÍGANOS

7. **Más preguntas**
Modelo —Cuando Ud. vaya de vacaciones, ¿se va a quedar en un hotel o en casa de un amigo? (en casa de un amigo) /
—Me voy a quedar en casa de un amigo. /

1. ¿Qué le duele a Ud. a veces? (la cabeza) /
A veces me duele la cabeza. /
2. ¿Ha perdido Ud. el conocimiento alguna vez? (no, nunca) /
No, nunca he perdido el conocimiento. /
3. ¿Ha tenido alguna reacción alérgica alguna vez? (no, nunca) /
No, nunca he tenido una reacción alérgica. /
4. ¿Ha tenido que ir a la sala de emergencia alguna vez? (sí, dos o tres veces) /
Sí, he tenido que ir a la sala de emergencia dos o tres veces. /
5. ¿Qué le hicieron en la sala de emergencia? (radiografías y análisis) /
Me hicieron radiografías y análisis. /
6. ¿Le han puesto una inyección antitetánica recientemente? (no) /
No, no me han puesto una inyección antitetánica recientemente. /
7. ¿Se ha quemado Ud. la mano alguna vez? (sí, varias veces) /
Sí, me he quemado la mano varias veces. /
8. ¿Ud. cree que puede desinfectar una herida? (sí) /
Sí, creo que puedo desinfectar una herida. /
9. ¿Ud. puede aprender a poner inyecciones? (no, no creo) /
No, no creo que pueda aprender a poner inyecciones. /
10. ¿Qué tal fue su día ayer? (un día como cualquier otro) /
Fue un día como cualquier otro. /

EJERCICIOS DE COMPRENSIÓN

8. **Tres opciones**

1. **a.** Beto tiene la espalda rota. /
b. Beto tiene la pierna rota. /
c. Beto tiene el brazo roto. /
The answer is b: ***Beto tiene la pierna rota.*** /
2. **a.** Susana perdió el conocimiento. /
b. Susana perdió el dinero. /
c. Susana perdió la radiografía. /
The answer is a: ***Susana perdió el conocimiento.*** /
3. **a.** Nora tiene una inyección en el brazo. /
b. Nora tiene una herida en el brazo. /
c. Nora tiene una enfermera en el brazo. /
The answer is b: ***Nora tiene una herida en el brazo.*** /

4. a. La enfermera le va a limpiar la herida a Rosa. /
   b. La enfermera le va a vendar la herida a Rosa. /
   c. La enfermera le va a romper la herida a Rosa. /
   The answer is a: ***La enfermera le va a limpiar la herida a Rosa.*** */*
5. a. A José le van a poner una inyección. /
   b. A José le van a hacer una radiografía. /
   c. A José le van a hacer unos análisis. /
   The answer is a: ***A José le van a poner una inyección.*** */*
6. a. Jorge se cayó en la escalera. /
   b. Jorge se cayó en el ómnibus. /
   c. Jorge se cayó en la esquina. /
   The answer is a: ***Jorge se cayó en la escalera.*** */*

9. ¿Lógico o ilógico?

1. Trajeron al paciente en una camilla porque tenía náusea. /
   Ilógico /
2. Me golpeé la cabeza y ahora me duele mucho. /
   Lógico /
3. Mi coche perdió el conocimiento. /
   Ilógico /
4. Lo llevaron a la sala de rayos X para hacerle unas radiografías. /
   Lógico /
5. Me caí y me lastimé. /
   Lógico /
6. Se cortó el brazo; va a necesitar puntos. /
   Lógico /
7. Le van a poner una inyección antitetánica porque le duele la espalda. /
   Ilógico /
8. Los pacientes siempre revisan a los médicos. /
   Ilógico /
9. Vamos a merendar en cuanto los niños vuelvan de la escuela. /
   Lógico /
10. Se rompió una pierna y ahora tiene que usar muletas. /
    Lógico /

10. Diálogo

CORA Luis, Gustavo está en el hospital. Tuvo un accidente.
LUIS ¿Qué le pasó?
CORA Chocó en la esquina de su casa. Los paramédicos lo llevaron al hospital en una ambulancia.
LUIS Tenemos que ir a verlo. ¿Has llamado a sus padres?
CORA Sí, y ya han llegado al hospital. Su mamá me llamó hace cinco minutos.
LUIS ¿Qué te dijo?
CORA Que le han hecho radiografías y que tiene una pierna rota.
LUIS ¿Eso es todo?
CORA No, también le duele mucho la espalda y tiene una herida en el brazo.
LUIS Vamos a verlo ahora mismo.

Preguntas

1. ¿Dónde está Gustavo? /
   Está en el hospital. /
2. ¿Por qué está en el hospital? /
   Porque tuvo un accidente. /
3. ¿Qué le pasó? /
   Chocó en la esquina de su casa. /
4. ¿Quiénes llevaron a Gustavo al hospital? /
   Los paramédicos lo llevaron. /
5. ¿Qué dice Luis que tienen que hacer? /
   Dice que tienen que ir a verlo. /
6. ¿Cora ha llamado a los padres de Gustavo? /
   Sí, los ha llamado. /
7. ¿Ya han llegado los padres de Gustavo al hospital? /
   Sí, ya han llegado. /
8. ¿Cuánto tiempo hace que la mamá de Gustavo llamó a Cora? /
   Hace cinco minutos. /
9. ¿Qué le han hecho a Gustavo? /
   Le han hecho radiografías. /
10. ¿Qué tiene Gustavo? /
    Tiene una pierna rota. /
11. ¿Qué le duele? /
    Le duele la espalda. /
12. ¿Dónde tiene una herida? /
    Tiene una herida en el brazo. /

PARA ESCUCHAR Y ESCRIBIR

11. Oraciones

1. Hay muchos pacientes en la sala de emergencia. /
2. Mi coche chocó con un árbol y me golpeé el hombro. /
3. Estoy casi seguro de que es una torcedura. /
4. Le vamos a poner una inyección antitetánica. /
5. El señor tuvo una reacción alérgica y tiene la cara hinchada. /

LECCIÓN 14
Listening Activities

PRONUNCIACIÓN

1. Entonación

1. Yo te recomendaría que fueras al médico. /
2. El doctor Rivas está en su consultorio y te puede examinar. /

3. Lo que yo tengo, ¿es una enfermedad contagiosa? /
4. La enfermera me preguntó si estaba embarazada. /
5. Yo iré a tu casa y te llevaré a la fuerza. /

2. **Cuatro mensajes**

(Narrator) *Amalia e Isabel son dos hermanas españolas. Isabel, que no se siente bien hoy, le escribe un correo electrónico a Amalia. Las dos hermanas empiezan a enviarse mensajes.*

De: Isabel
A: Amalia
Asunto: Síntomas

Hoy me desperté con dolor de garganta y una temperatura de 40 grados. Estoy tosiendo mucho y me duele la cabeza. Mamá me dijo que pidiera una cita con el médico inmediatamente. Tú eres enfermera... ¿Tendré que ir al médico? ¿Tú no podrías darme alguna sugerencia? ¿Sería una buena idea que tomara un jarabe para la tos?

Quizás podría ir a la farmacia y hablar con un farmacéutico. ¿Crees que tengo gripe?

¡Ayúdame! Tu pobre hermana enferma,
Isa

De: Amalia
A: Isa
Asunto: Obedece a mamá

Yo te recomendaría que fueras al médico. Tú necesitas un buen chequeo, especialmente si tienes fiebre. El médico probablemente te recetará un antibiótico.

Si no te cuidas, puedes empeorarte, y esto puede convertirse en pulmonía.

Llama al médico enseguida y pregúntale si puede verte hoy mismo. Por suerte, el doctor Silva está en su consultorio los viernes y te puede examinar. Quizás necesitarás algunos análisis también.

Espero que te mejores pronto.

Amalia

De: Isa
A: Amalia
Asunto: Mi trabajo

Si yo no tuviera que trabajar, iría al médico, pero tengo mucho trabajo en la oficina. ¿Tú crees que lo que yo tengo es una enfermedad contagiosa? ¡No quiero ir a trabajar si voy a contagiar a mis compañeros de trabajo!

Pero, Amalia...¡Odio ir al médico! Siempre me pesan... La última vez que me subí a la balanza, la enfermera me preguntó si estaba embarazada...

Yo no creo que esto sea grave. ¿Qué piensas tú?
Isa

De: Amalia
A: Isa
Asunto: Una amenaza

¡No seas terca! ¡Si no vas al médico, yo iré a tu casa y te llevaré a la fuerza!

Te quiero mucho,

Amalia

3. **Preguntas y respuestas**
   1. ¿Isabel tiene dolor de garganta o dolor de espalda? /
      Dolor de garganta. /
   2. ¿Isabel tiene una temperatura de treinta y nueve grados o de cuarenta grados? /
      De cuarenta grados. /
   3. ¿Amalia es la mamá de Isabel o la hermana de Isabel? /
      Es la hermana de Isabel. /
   4. ¿Amalia es enfermera o es médica? /
      Es enfermera. /
   5. ¿Isabel tendrá que ir al hospital o tendrá que ir al médico? /
      Tendrá que ir al médico. /
   6. ¿Isabel quiere tomar unas pastillas o un jarabe para la tos? /
      Un jarabe para la tos. /
   7. ¿Isabel cree que tiene pulmonía o que tiene gripe? /
      Cree que tiene gripe. /
   8. ¿El médico probablemente le recetaría un antibiótico o un calmante? /
      Un antibiótico. /
   9. Si Isabel no se cuida, ¿puede mejorarse o puede empeorarse? /
      Puede empeorarse. /
   10. ¿El doctor Silva está en su consultorio o está en el hospital? /
       Está en su consultorio. /
   11. ¿A Isabel le gusta ir al médico u odia ir al médico? /
       Odia ir al médico. /
   12. ¿Amalia va a llevar a Isabel al médico o la va a llevar a la sala de emergencia? /
       La va a llevar al médico. /

PUNTOS PARA RECORDAR

4. **Future tense**

Modelo Voy a hablar con ellos. /
Hablaré con ellos. /

   1. Vas a tener que obedecer a mamá. /
      Tendrás que obedecer a mamá. /
   2. Vamos a salir a las siete. /
      Saldremos a las siete. /
   3. ¿Vas a ir con nosotros? /
      ¿Irás con nosotros? /

4. Ella va a poner las vendas en el botiquín. /
   Ella pondrá las vendas en el botiquín. /
5. Mis amigos van a venir a visitarme. /
   Mis amigos vendrán a visitarme. /
6. Vamos a hacer unas radiografías. /
   Haremos unas radiografías. /
7. No vas a poder ir a trabajar. /
   No podrás ir a trabajar. /
8. ¿Qué les vas a decir a tus padres? /
   ¿Qué les dirás a tus padres? /
9. Voy a llamar al médico inmediatamente. /
   Llamaré al médico inmediatamente. /
10. Ella nos va a llevar a la fuerza. /
    Ella nos llevará a la fuerza. /

5. Conditional tense

Modelo Ana va a Madrid. (ellos a Barcelona) /
Ellos irían a Barcelona. /

1. Olga sale con sus amigos. (nosotros / nuestros padres) /
   Nosotros saldríamos con nuestros padres. /
2. Ellos duermen hasta tarde. (tú / hasta las seis) /
   Tú dormirías hasta las seis. /
3. Ella viene hoy. (él / mañana) /
   Él vendría mañana. /
4. Elsa pide un turno para las diez. (yo / para las once) /
   Yo pediría un turno para las once. /
5. Yo pongo las curitas en el botiquín. (Uds. / el baño) /
   Uds. pondrían las curitas en el baño. /
6. Yo voy al médico mañana. (Rafael / hoy mismo) /
   Rafael iría al médico hoy mismo. /

6. Imperfect subjunctive

Modelo Yo quiero que tú vuelvas. (Yo quería) /
Yo quería que tú volvieras. /

1. No creo que vayan en una ambulancia. (No creía) /
   No creía que fueran en una ambulancia. /
2. Nos dicen que llamemos al médico. (Nos dijeron) /
   Nos dijeron que llamáramos al médico. /
3. Me alegro de que estés mejor. (Me alegré) /
   Me alegré de que estuvieras mejor. /
4. Te sugiero que vayas al hospital. (Te sugerí) /
   Te sugerí que fueras al hospital. /
5. Le piden que traiga el desinfectante. (Le pidieron) /
   Le pidieron que trajera el desinfectante. /
6. Dudan que yo pueda ir al cardiólogo hoy. (Dudaban) /
   Dudaban que yo pudiera ir al cardiólogo hoy. /
7. Esperan que el oculista los vea mañana. (Esperaban) /
   Esperaban que el oculista los viera mañana. /
8. No hay nadie que sepa su dirección. (No había nadie) /
   No había nadie que supiera su dirección. /

7. *If*-clauses

Modelo Iré si puedo. (Iría) /
Iría si pudiera. /

1. Llamaré si tengo tiempo. (Llamaría) /
   Llamaría si tuviera tiempo. /
2. Saldremos si ellos vienen. (Saldríamos) /
   Saldríamos si ellos vinieran. /
3. Lo llevaré al médico si está enfermo. (Lo llevaría) /
   Lo llevaría al médico si estuviera enfermo. /
4. Tomaré aspirina si me duele la cabeza. (Tomaría) /
   Tomaría aspirina si me doliera la cabeza. /
5. Iremos al consultorio si tenemos tiempo. (Iríamos) /
   Iríamos al consultorio si tuviéramos tiempo. /
6. Ellos me darán el termómetro si lo necesito. (Darían) /
   Ellos me darían el termómetro si lo necesitara. /

DÍGANOS

8. Más preguntas

Modelo —Si Ud. se sintiera mal,¿adónde iría? (al médico) /
—Iría al médico. /

1. Si Ud. tiene fiebre, ¿qué hará? (tomar aspirina) /
   Tomaré aspirina. /
2. Si Ud. tiene mucha tos, ¿qué tomará? (un jarabe) /
   Tomaré un jarabe. /
3. Si Ud. tuviera una infección en la garganta, ¿qué le recetaría el médico? (un antibiótico) /
   Me recetaría un antibiótico. /
4. ¿Adónde tendrá que ir Ud. mañana? (a la farmacia) /
   Tendré que ir a la farmacia. /
5. ¿Qué comprará Ud. en la farmacia? (curitas y algodón) /
   Compraré curitas y algodón. /
6. Si Ud. no viera bien, ¿a qué especialista iría? (oculista) /
   Iría a un oculista. /
7. Si Ud. tuviera acidez, ¿qué tomaría? (un antiácido) /
   Tomaría un antiácido. /
8. ¿Es Ud. alérgico a alguna medicina? (no, ninguna) /
   No, no soy alérgico a ninguna medicina. /

EJERCICIOS DE COMPRENSIÓN

9. Tres opciones

1. **a.** Luis tiene dolor de garganta. /
   b. Luis tiene dolor de cabeza. /
   c. Luis tiene dolor de espalda. /
   The answer is b: ***Luis tiene dolor de cabeza.*** /
2. **a.** Jorge tiene fiebre. /
   b. Jorge tiene tos. /
   c. Jorge tiene algodón. /
   The answer is a: ***Jorge tiene fiebre.*** /
3. **a.** Mario está en la oficina de correos. /
   b. Mario está en la farmacia. /
   c. Mario está en el consultorio del doctor. /
   The answer is c: ***Mario está en el consultorio del doctor.*** /
4. **a.** La doctora receta un jarabe. /
   b. La doctora receta un dolor. /
   c. La doctora receta algodón. /
   The answer is a: ***La doctora receta un jarabe.*** /
5. **a.** La Sra. Díaz tiene pulmonía. /
   b. La Sra. Díaz está embarazada. /
   c. La Sra. Díaz tiene tos. /
   The answer is b: ***La Sra. Díaz está embarazada.*** /
6. **a.** Eva tiene que comprar un antibiótico. /
   b. Eva tiene que comprar una blusa. /
   c. Eva tiene que comprar un seguro. /
   The answer is a: ***Eva tiene que comprar un antibiótico.*** /

10. ¿Lógico o ilógico?

1. Durmió mal porque no se sentía bien. /
   Lógico /
2. Me levanté muy temprano; me levanté a las once de la mañana. /
   Ilógico /
3. El médico me recetó un antiácido porque tenía catarro. /
   Ilógico /
4. Tiene fiebre. Tiene una temperatura de 40 grados. /
   Lógico /
5. Si estás enferma, tendrás que ir al médico. /
   Lógico /
6. Roberto está embarazado. /
   Ilógico /
7. Si te duele la pierna, te aconsejo que compres vitaminas. /
   Ilógico /
8. La dermatóloga está en su consultorio. /
   Lógico /
9. Si tienes un problema del corazón, ve a un cardiólogo. /
   Lógico /
10. Me duele mucho la espalda. Voy al oculista. /
    Ilógico /

11. Diálogo

MAGALI Héctor, tendrás que llevar a Carlitos al médico.
HÉCTOR Sí, tiene mucha tos y creo que tiene fiebre.
MAGALI ¡Temo que tenga gripe...! ¡o pulmonía!
HÉCTOR Bueno, Magali. El doctor Ruiz lo examinará. No debes preocuparte.
MAGALI Me alegro de que hoy no tengas que trabajar. Si tuvieras que trabajar no podrías llevarlo.
HÉCTOR ¡Ah! Anoche Carlitos me dijo que le dolía el oído.
MAGALI Espero que no tenga una infección. Él es alérgico a la penicilina.
HÉCTOR El médico probablemente le recetará otra cosa.
MAGALI Bueno, voy a pedir turno. Ojalá que el médico pueda verlo hoy.

Preguntas

1. ¿Qué dice Magali que tendrá que hacer Héctor? /
   Dice que tendrá que llevar a Carlitos al médico. /
2. ¿Qué problemas tiene Carlitos? /
   Tiene mucha tos y tiene fiebre. /
3. ¿Qué teme Magali? /
   Teme que sea gripe o pulmonía. /
4. ¿Quién examinará a Carlitos? /
   El Dr. Ruiz examinará a Carlitos. /
5. ¿Qué pasaría si Héctor tuviera que trabajar hoy? /
   No podría llevar a Carlitos al médico. /
6. ¿Qué dijo Carlitos que le dolía? /
   Dijo que le dolía el oído. /
7. ¿Qué espera Magali? /
   Espera que no sea una infección. /
8. ¿A qué es alérgico Carlitos? /
   Es alérgico a la penicilina. /
9. ¿Qué hará el médico probablemente? /
   Le recetará otra cosa. /
10. ¿Qué va a hacer Magali? /
    Va a pedir turno. /

PARA ESCUCHAR Y ESCRIBIR

12. Oraciones

1. Estoy tosiendo mucho y me duele la cabeza. /
2. Quizás podría hablar con el farmacéutico. /
3. Esto puede convertirse en pulmonía. /
4. ¿Tú no podrías darme alguna sugerencia? /
5. Si yo no tuviera que trabajar, iría al médico. /

Cengage

ISBN-13: 978-1-133-95208-4
ISBN-10: 1-133-95208-9

90000

9 781133 952084